Las obras esenciales de
E. M. Bounds sobre la oración

Vol. II

Las obras esenciales de
E. M. Bounds sobre la oración

Vol. II

Primera edición: abril de 2026

Publicado por ORIGEN®, marca registrada de
Penguin Random House Grupo Editorial USA, LLC

Traducción: Daniel Esparza

Impreso en Colombia / *Printed in Colombia*

Información de catalogación de publicaciones disponible
en la Biblioteca del Congreso de los Estados Unidos

ISBN: 979-8-89098-370-1

Introducción

En el rico tapiz de la espiritualidad cristiana, pocas figuras destacan tanto como Edward McKendree Bounds, cuyas obras continúan inspirando y desafiando a los creyentes en su vida de oración. Este volumen presenta dos obras fundamentales: *El propósito de la oración* y *Las posibilidades de la oración*, que juntas forman una exploración convincente de la naturaleza y el poder de la oración. Bounds, un ministro metodista del siglo XIX, dedicó su vida a comprender y comunicar la importancia de la oración, afirmando que no es solo una práctica ritual, sino un encuentro transformador con lo Divino. Sus profundas reflexiones nos recuerdan que la oración es central en la experiencia cristiana y sirve como un conducto para la relación con Dios, su guía y su empoderamiento.

El propósito de la oración articula las razones fundamentales por las cuales la oración es esencial para cada creyente. Enfatiza que la oración no consiste solo en pedir necesidades, sino también en alinearse con la voluntad de Dios, cultivar una intimidad más profunda con Él y participar en la lucha espiritual. Bounds nos insta a ver la oración como una expresión vital de la fe que moldea nuestro carácter y acciones. Al examinar los fundamentos bíblicos de la oración, nos invita a abrazarla como un acto de obediencia y devoción, diseñado para fortalecer nuestro peregrinaje espiritual e impactar el mundo que nos rodea.

Complementando esta exploración, *Las posibilidades de la oración* se adentra en el poder transformador de la oración en la vida del creyente. Bounds afirma con pasión que la oración no está limitada por la fragilidad humana; más bien, abre la puerta a posibilidades divinas y milagros. Nos anima a comprender la magnitud de lo que se puede lograr a través de una oración ferviente y fiel, enfatizando que la oración es una colaboración con Dios que puede llevar a resultados extraordinarios. Juntas, estas dos obras iluminan la gran profundidad y amplitud de la oración, invitándonos a involucrarnos plenamente con este aspecto esencial de su fe.

Embarquémonos en este viaje a través de los escritos de Bounds y sintámonos inspirados a profundizar en nuestra vida de oración y experimentar las increíbles posibilidades que nos esperan a través de la comunión con Dios.

Nota del traductor

Edward McKendree Bounds (1835-1913) escribió con la cadencia de quien habla en público. Sus textos tienen un marcado carácter oral: no fueron concebidos como tratados sistemáticos, sino como discursos dirigidos a una audiencia presente. De ahí su estilo reiterativo, casi enfático, que insiste una y otra vez en las mismas ideas para reforzarlas. En esta traducción, he procurado mantener ese tono sin que la repetición resulte excesiva para el lector.

Además, su lenguaje es profundamente piadoso y arraigado en la jerga del protestantismo evangélico de su tiempo, lo que puede suponer un desafío para quienes no estén familiarizados con este ámbito. Por otro lado, su estilo es típicamente decimonónico y se nutre del lenguaje bíblico, concretamente de la traducción que él mismo estudiaba y citaba con frecuencia. Para reflejar esta característica en español, he procurado emplear el lenguaje propio de las traducciones protestantes castellanas más difundidas, en particular el de la Reina-Valera. Para los lectores acostumbrados a estas ediciones, esta familiaridad será evidente; para otros, puede requerir cierta adaptación.

Estos elementos —el tono oral, la distancia temporal y el contexto metodista estadounidense del siglo XIX— configuran la singularidad de la obra de Bounds y han sido considerados en esta traducción para conservar, en la medida de lo posible, la esencia de su escritura.

EL PROPÓSITO DE LA ORACIÓN

I

«Mi Credo me lleva a pensar que la oración es eficaz y seguramente un día dedicado a rogar a Dios es un día que no se pierde. Sin embargo, hay una gran sensación de que cuando un hombre está orando no está haciendo nada y esta sensación nos hace dar una importancia indebida al trabajo, a veces incluso a la prisa o al descuido de la oración.

¿No descansamos demasiado en nuestros días en la carne? ¿No pueden hacerse ahora las mismas maravillas que antaño? ¿No corren todavía los ojos del Señor por toda la tierra para mostrarse fuerte en favor de los que confían en Él? ¡Oh, que Dios me diera una fe más práctica en Él! ¿Dónde está ahora el Señor Dios de Elías? Él está esperando que Elías lo invoque».

James Gilmour de Mongolia

Cuanta más oración haya en el mundo, mejor el mundo y más poderosas serán las fuerzas contra el mal en todas partes. La oración, en una fase de su operación, es un desinfectante y un preventivo. Purifica el aire; destruye el contagio del mal. La oración no es algo pasajero y efímero. No es una voz que grita sin ser oída ni escuchada en el silencio. Es una voz que llega al oído de Dios y vive mientras el oído de Dios esté abierto a súplicas santas, mientras el corazón de Dios esté vivo para las cosas santas.

Dios da forma al mundo mediante la oración. Las oraciones no tienen muerte. Los labios que las pronunciaron pueden estar cerrados por la muerte, el corazón que las sintió puede haber dejado de latir, pero las oraciones viven ante Dios. El corazón de Dios está puesto en ellas y las oraciones sobreviven a la vida de quienes las pronunciaron; sobreviven a una generación, sobreviven a una época, sobreviven a un mundo.

Los hombres más inmortales son los que más y mejor han orado. Son los héroes de Dios, los santos de Dios, los siervos de Dios, los vicegerentes de Dios. Un hombre puede orar mejor gracias a las oraciones del pasado; un hombre puede vivir más santamente gracias a las oraciones del pasado; el hombre de muchas y aceptables oraciones ha hecho el servicio más grande y verdadero a la generación entrante. Las oraciones de los santos de Dios fortalecen a la generación venidera contra las olas desoladoras del pecado y del mal. Ay de la generación de hijos que encuentran sus incensarios vacíos del rico incienso de la oración; cuyos padres han estado demasiado ocupados o han sido demasiado incrédulos para orar. Peligros inexpresables y consecuencias indecibles son su infeliz herencia. Dichosos aquellos cuyos padres y madres les han dejado un rico patrimonio de oración.

Las oraciones de los santos de Dios son el capital en el cielo mediante el cual Cristo lleva a cabo su gran obra en la tierra. Las grandes angustias y poderosas convulsiones de la tierra son el resultado de estas oraciones. La tierra cambia, se revoluciona, los ángeles se mueven en alas más poderosas, más rápidas, y la política de Dios se moldea a medida que las oraciones son más numerosas, más eficaces.

Es cierto que los éxitos más poderosos que llegan a la causa de Dios son creados y llevados a cabo por la oración. El día de poder de Dios; los días angélicos de actividad y poder son cuando la Iglesia de Dios llega a su herencia más poderosa de fe más potente y oración más grande. Los días de conquista de Dios son cuando los santos se han entregado a la oración más poderosa. Cuando la casa de Dios en la tierra es una casa de oración, entonces la casa de Dios en el cielo se ocupa totalmente en sus planes y movimientos. Entonces Sus ejércitos terrenales se visten con los triunfos y despojos de la victoria y Sus enemigos derrotados por todas partes.

Dios condiciona la vida misma y la prosperidad de Su causa a la oración. Esta condición fue puesta en la existencia misma de la causa de Dios en este mundo. *Pídeme* es la única condición que Dios pone en el avance y triunfo de Su causa.

Los hombres deben orar, orar por el avance de la causa de Dios. La oración pone a Dios en plena fuerza en el mundo. Para un hombre que ora, Dios está presente con una fuerza realizada; para una Iglesia que ora, Dios está presente con un poder glorioso y el Segundo Salmo es la descripción divina del establecimiento de la causa de Dios por medio de Jesucristo. Todas las dispensaciones inferiores se han fundido en la entronización de Jesucristo. Dios declara la entronización de Su Hijo. Las naciones se enfurecen con amargo odio contra Su causa. Dios es descrito como riéndose de su odio. El Señor se reirá; el Señor se burlará de ellos. «Sin embargo, he puesto a mi Rey sobre mi santo monte de Sion». El decreto ha pasado inmutable y eterno:

> Hablaré del decreto:
> El Señor me dijo: Tú eres mi Hijo; hoy te he engendrado.
> *Pídeme* y te daré por heredad las naciones,
> y por posesión tuya los confines de la tierra.
> Los romperás con vara de hierro;
> Los harás pedazos como vasija de alfarero.

Pídeme es la condición de un pueblo orante dispuesto y obediente. «Y los hombres orarán por Él continuamente». Bajo esta promesa universal y sencilla, hombres y mujeres de la antigüedad se entregaron a Dios. Oraron y Dios respondió a sus oraciones y la causa de Dios se mantuvo viva en el mundo por la llama de sus oraciones.

La oración se convirtió en una condición establecida y única para mover el Reino de Su Hijo. «Pedid y recibiréis; buscad y hallaréis; llamad y se os abrirá». El más fuerte en el Reino de Cristo es aquel que mejor llama. El secreto del éxito en el Reino de Cristo es la capacidad de orar. El que puede manejar el poder de la oración es el fuerte, el santo en el Reino de Cristo. La lección más importante que podemos aprender es cómo orar.

La oración es la nota clave de la vida más santificada, del ministerio más santo. Hace más por Dios el más hábil en la oración. Jesucristo ejerció su ministerio según este orden.

II

«Debemos entregarnos a Dios con respecto a las cosas tanto temporales como espirituales, y buscar nuestra satisfacción solo en el cumplimiento de Su voluntad, ya nos guíe por el sufrimiento, ya por el consuelo, pues todo es igual para un Alma verdaderamente resignada. La oración no es otra cosa que un sentimiento de la presencia de Dios».

El hermano Lawrence

«Asegúrate de cumplir con tu deber secreto; mantenlo hagas lo que hagas. El alma no puede prosperar si se descuida. La apostasía generalmente comienza a puerta cerrada. Vive en una intensa comunión secreta con Dios. Es el intercambio secreto lo que enriquece al cristiano. Ora solo. Que la oración sea la llave de la mañana y el cerrojo de la noche. La mejor manera de luchar contra el pecado es luchar de rodillas».

Philip Henry

«La oración de fe es el único poder en el universo al que cede el Gran Jehová. La oración es el remedio soberano».

Robert Hall

«Una hora de soledad pasada en oración sincera y seria, o luchando y superando una sola pasión o pecado sutil del pecho nos enseñará más sobre el pensamiento, despertará más eficazmente el discernimiento y formará mejor el hábito de la reflexión que un año de estudio en las escuelas sin ellos».

Coleridge

«Un hombre puede orar noche y día y engañarse a sí mismo, pero nadie puede estar seguro de su sinceridad si no ora. La oración es la fe que se convierte en acto, la unión de voluntad e intelecto que se realiza en un acto intelectual. El hombre pleno es el que ora. Menos que esto es solo deseo, una farsa o una pantomima. Si Dios me devuelve la salud, he decidido no estudiar otra cosa que la Biblia. La literatura es contraria a la espiritualidad si no se la controla con mano firme».

Richard Cecil

«Nuestra santificación no depende de que cambiemos nuestras obras, sino de que hagamos por Dios lo que comúnmente hacemos por nosotros mismos. Para mí, el tiempo de los negocios no difiere del tiempo de la oración. La oración no es otra cosa que sentir la presencia de Dios».

El hermano Lawrence

«Deja que me consuma por Dios. Después de todo, sea lo que sea que Dios designe, la oración es lo más importante. Oh, que yo sea un hombre de oración».

Henry Martyn

Las posibilidades y la necesidad de la oración, su poder y sus resultados se manifiestan en detener y cambiar los propósitos de Dios y en aliviar el golpe de su poder. Abimelec fue herido por Dios:

> Entonces Abraham oró a Dios; y Dios sanó a Abimelec, a su mujer y a sus siervas, y tuvieron *hijos*.

Porque el Señor había cerrado rápidamente todos los vientres de la casa de Abimelec, a causa de Sarah, esposa de Abraham.

Los miserables y equivocados que consolaron a Job se habían portado de tal manera en su controversia con Job, que la ira de Dios se encendió contra ellos. «Mi siervo Job orará por ti», dijo Dios. «Por él, aceptaré».

«Y el Señor devolvió la prosperidad a Job cuando oró por sus amigos».

Jonás se encontraba en una situación desesperada cuando «el Señor envió un gran viento al mar y se produjo una fuerte tempestad». Cuando se echaron suertes, «la suerte cayó sobre Jonás». Fue arrojado por la borda al mar, pero «el Señor había preparado un gran pez para tragarse a Jonás... Entonces Jonás oró al Señor su Dios desde el vientre del pez... y el Señor habló al pez y este vomitó a Jonás sobre la tierra seca».

Cuando el profeta desobediente alzó su voz en oración, Dios lo escuchó y envió la liberación.

El Faraón creía firmemente en las posibilidades de la oración y en su capacidad de alivio. Cuando se tambaleaba bajo las lamentables maldiciones de Dios, suplicaba a Moisés que intercediera por él. «Ruega al Señor por mí», fue su patética súplica repetida cuatro veces cuando las plagas azotaban Egipto. Cuatro veces fueron hechas estas urgentes súplicas a Moisés y cuatro veces la oración levantó la espantosa maldición del duro rey y de su tierra condenada.

La blasfemia y la idolatría de Israel al hacer el becerro de oro y ofrecerle su devoción fueron un crimen espantoso. La ira de Dios se encendió y declaró que destruiría al pueblo ofensor. El Señor también se enojó mucho con Aarón y le dijo a Moisés: «Déjame en paz para que yo destruya a tu pueblo». Pero Moisés oró y siguió orando; día y noche oró durante cuarenta días. Y da cuenta de su lucha de oración. «Me postré», dice, «ante el Señor al principio cuarenta días y cuarenta noches; no comí pan ni bebí agua a causa de vuestros pecados, que cometisteis haciendo lo malo ante los ojos del Señor para moverlo a la ira. Porque tuve miedo de la ira y del ardiente desagrado con que el Señor se encendió contra vosotros para destruiros. Pero Jehovah me escuchó también en aquel tiempo. Y el Señor se enojó mucho contra Aarón para destruirlo. Y oré por él también en aquel tiempo».

«Cuarenta días, y Nínive será destruida». Era el propósito de Dios destruir aquella grande y perversa ciudad. Pero Nínive oró, cubierta de cilicio; sentada en ceniza clamó «poderosamente a Dios» y «Dios se arrepintió del mal que había dicho que haría y no lo hizo».

El mensaje de Dios a Ezequías fue: «Ordena tu casa, porque morirás y no vivirás». Ezequías volvió su rostro hacia el muro y oró al Señor y dijo: «Acuérdate ahora, oh, Señor, te ruego, de cómo he andado delante de Ti con verdad y con un corazón perfecto y he hecho lo que es bueno ante tus ojos». Y Ezequías lloró desconsoladamente. Dios dijo a Isaías: «Ve y di a Ezequías: He oído tu oración, he visto tus lágrimas; he aquí que añadiré a tus días quince años».

Estos hombres sabían cómo orar y prevalecer en la oración. Su fe en la oración no era una actitud pasajera que cambiaba con el viento o con sus propios sentimientos y circunstancias. Era un hecho que Dios oía y respondía, que Su oído estaba siempre abierto al clamor de Sus hijos y que el poder para hacer lo que se le pedía era proporcional a su voluntad. Y así estos hombres, fuertes en la fe y en la oración, «subyugaron reinos, hicieron justicia, alcanzaron promesas, taparon bocas de leones, apagaron el poder del fuego, escaparon del filo de la espada, de debilidad fueron hechos fuertes, se hicieron poderosos en la guerra, pusieron en fuga ejércitos de extranjeros».

Todo era posible entonces, como ahora, para los hombres y mujeres que sabían orar. La oración, en efecto, abrió un depósito ilimitado y la mano de Dios no retenía nada. La oración introdujo a quienes la practicaban en un mundo de privilegios e hizo descender la fuerza y la riqueza del cielo en ayuda del hombre finito. ¡Qué poder tan rico y maravilloso tuvieron quienes habían aprendido el secreto del acercamiento victorioso a Dios! Con Moisés, la oración salvó a una nación; con Esdras, salvó a una iglesia.

Y, sin embargo, por extraño que parezca, cuando contemplamos las maravillas de las que había sido testigo el pueblo de Dios, se produjo una relajación en la oración. El poderoso dominio sobre Dios, que tan a menudo había infundido temor y terror en los corazones de sus enemigos, perdió su fuerza. El pueblo, rebelde y apóstata, había dejado de orar, si es que la mayoría de ellos había orado alguna vez. La oración fría y sin vida de los fariseos sustituyó cualquier acercamiento genuino a Dios y, debido a ese método formal de orar, todo el culto se convirtió en una parodia de su verdadero propósito. Una dispensación gloriosa, y gloriosamente ejecutada, fue la de Moisés, la de Esdras, la de Daniel y Elías, la de Ana y Samuel; pero el círculo parece limitado y efímero. Los orantes fueron pocos y distantes entre sí. No tuvieron sobrevivientes, nadie que imitara su devoción a Dios, nadie que conservara la lista de los elegidos.

En vano el decreto había establecido el orden Divino, la llamada Divina: «Pídeme». Del ferviente y fructífero clamor a Dios volvieron sus rostros a dioses paganos y clamaron en vano por las respuestas que nunca podrían llegar. Y así se hundieron en ese estado impío y lamentable que ha perdido su objeto en la vida cuando se ha roto el vínculo con el Eterno. Olvidaron su dispensación favorita de la oración. No sabían cómo orar.

Qué contraste con los logros que iluminan otras páginas de las Sagradas Escrituras. El poder que actuó a través de Elías y Eliseo en respuesta a la oración llegó hasta la misma tumba. En cada caso un niño resucitó de entre los muertos y los poderes del hambre fueron quebrantados. «Las súplicas del justo valen mucho». Elías era un hombre de pasiones semejantes a las nuestras. Oró fervientemente para que no lloviera y no llovió sobre la tierra durante tres años y seis meses. Volvió a orar y el cielo dio lluvia y la tierra produjo su fruto. Jonás oró mientras estaba preso en el gran pez y llegó a tierra seca, salvado de la tormenta y del mar y de los monstruos de las profundidades por la poderosa energía de su oración.

Cuán amplia fue la provisión de la gracia de orar tal como fue administrada en aquella maravillosa dispensación. Oraron maravillosamente. ¿Por qué su oración no pudo salvar a la dispensación de la decadencia y la muerte? ¿No fue porque perdieron el fuego sin el cual toda oración degenera en una forma sin vida? Se necesita esfuerzo, trabajo y cuidado para preparar el incienso. La oración no es un trabajo de vagos. Cuando todas las gracias ricas y especiadas del cuerpo de la oración se han mezclado, refinado y entremezclado con trabajo y golpes, se necesita el fuego para desatar el incienso y hacer que su fragancia se eleve hasta el trono de Dios. El fuego que consume crea el espíritu y la vida del incienso. Sin fuego, la oración no tiene espíritu; es, como las especias muertas, para la corrupción y los gusanos.

La oración casual e intermitente nunca se baña en este fuego divino. Porque el hombre que ora así carece de la seriedad que se aferra a Dios, decidido a no soltarlo hasta que llegue la bendición. «Orad sin cesar», aconsejaba el gran Apóstol. Ese es el hábito que hace que la oración se convierta en la argamasa que mantiene unidas las piedras del edificio. «Puedes hacer más que orar después de haber orado», dijo el piadoso Dr. A. J. Gordon, «pero no puedes hacer más que orar hasta que hayas orado». La historia de todo gran logro cristiano es la historia de una oración que ha recibido respuesta.

«El mayor y mejor talento que Dios da a cualquier hombre o mujer en este mundo es el talento de la oración», escribe

Alexander Whyte. «Y la mejor usura que cualquier hombre o mujer devuelve a Dios cuando Él viene a rendir cuentas con ellos al final de este mundo es una vida de oración. Y los siervos que mejor ponen el dinero de su Señor "a los cambistas" son los que se levantan temprano y se sientan tarde, mientras están en este mundo, siempre descubriendo y siguiendo cada vez mejores métodos de oración y formando hábitos de oración más secretos, firmes y espiritualmente fructíferos, hasta que literalmente "oran sin cesar" y hasta que se habitúan a lanzarse a nuevas empresas en la oración y consiguen nuevos logros y enriquecimientos».

Martín Lutero, cuando una vez le preguntaron cuáles eran sus planes para el día siguiente, respondió: «Trabajar, trabajar, desde temprano hasta tarde. De hecho, tengo tanto que hacer que pasaré las tres primeras horas orando». También Cromwell creía en estar mucho tiempo de rodillas. Mirando en una ocasión las estatuas de hombres famosos, se dirigió a un amigo y le dijo: «Haz que la mía se arrodille, porque así llegué a la gloria».

Solo cuando la pasión de la oración se apodera de todo el corazón, desciende el fuego vivificador, pues solo el hombre sincero tiene acceso al oído de Dios.

III

«Cuando te sientas más indispuesto a la oración, no cedas, sino esfuérzate y procura orar aun cuando creas que no puedes orar».

Hildersam

«En el pueblo parto existía la costumbre de que nadie diera de comer a sus hijos por la mañana antes de que vieran el sudor en sus caras, y descubriréis que este el proceder habitual de Dios es no dar a sus hijos el sabor de sus delicias hasta que empiezan a sudar buscándolas».

Richard Baxter

«De todos los deberes que impone el cristianismo, ninguno es más esencial y, sin embargo, más descuidado que la oración. La mayoría de la gente considera el ejercicio como una ceremonia fatigosa, que se justifica en abreviar tanto como sea posible. Incluso aquellos cuya profesión o temores les llevan a orar lo hacen con tal languidez y divagación mental que sus oraciones, lejos de atraer bendiciones, solo aumentan su condenación».

Fenelón

Orar más y mejor es el secreto de todo. Más tiempo para orar, más gusto y preparación para encontrarse con Dios, para estar en comunión con Dios por medio de Cristo: esto es todo. Nuestra manera y nuestra forma de orar se convierten en nosotros mismos. La actitud y la relación de Dios y del Hijo son la relación eterna de Padre e Hijo, de pedir y dar: el Hijo siempre pide, el Padre siempre da:

> *Pídeme* y te daré por heredad las naciones,
> y por posesión tuya los confines de la tierra.
> Los romperás con vara de hierro;
> Los harás pedazos como vasija de alfarero.

Jesús ha de estar siempre orando por medio de Su pueblo. «Y los hombres orarán por Él continuamente». «Porque mi casa será llamada casa de oración para mis pueblos». Debemos prepararnos para orar; para ser como Cristo, para orar como Cristo.

El acceso del hombre a Dios en la oración lo abre todo y hace de su empobrecimiento su riqueza. Todas las cosas son suyas por medio de la oración. La riqueza y la gloria, todas las cosas son de Cristo. A medida que la luz se hace más brillante y los profetas captan la naturaleza de la restauración, el registro divino parece ampliarse. «Así ha dicho Jehová, el Santo de Israel y su Hacedor: Preguntadme acerca de las cosas venideras, acerca de mis hijos y acerca de la obra de mis manos, preguntadme. Yo he hecho la tierra y he creado al hombre sobre ella: Yo, Mis manos, extendí los cielos y todo su ejército mandé».

Al hombre le es dado mandar a Dios con toda esta autoridad y poder en las exigencias del Reino terrenal de Dios. El Cielo, con todo lo que tiene, está bajo tributo para llevar a cabo los propósitos finales y gloriosos de Dios. ¿Por qué entonces es tan largo el tiempo para llevar a cabo estas sabias bendiciones para el hombre? ¿Por qué, pues, reina tanto tiempo el pecado? ¿Por qué tardan tanto las promesas del pacto juramentado en llegar a su gracioso fin? El pecado reina, Satanás reina, los suspiros marcan la vida de muchos; las lágrimas son frescas y grandes.

¿A qué se debe todo esto? No hemos orado para poner fin al mal; no hemos orado como debemos orar. No hemos cumplido las condiciones de la oración.

Pídeme. Pídele a Dios. No hemos reposado en oración. No hemos hecho de la oración la única condición de todo. Se ha violado la condición primordial de la oración. No hemos orado correctamente. No hemos orado en absoluto. Dios está dispuesto a dar, pero nosotros somos lentos para pedir. El Hijo, a través de Sus santos, siempre está orando y Dios Padre siempre está respondiendo.

Pídeme. En la invitación se transmite la seguridad de la respuesta; el grito de victoria está ahí y puede ser escuchado por el oído atento. El Padre tiene la autoridad y el poder en Sus manos. Qué fácil es la condición y, sin embargo, ¡cuánto tardamos en cumplirla! Las naciones están esclavizadas; los confines de la tierra aún no han sido poseídos. La tierra gime; el mundo está todavía en esclavitud; Satanás y el mal dominan.

El Padre se mantiene en la actitud de Dador —«pídeme»— y esa petición a Dios da poder a todas las agencias, inspira todos los movimientos. El Evangelio es de inspiración divina. Detrás de todas sus inspiraciones está la oración. *Pídeme* está detrás de todo movimiento. Como dote del Cristo entronizado está el pacto juramentado del Padre: «*Pídeme* y te daré por herencia las naciones y por posesión tuya los confines de la tierra». «Y los hombres orarán a Él continuamente».

Siempre las oraciones de los hombres santos fluyen hacia Dios tan fragantes como el incienso más rico. Y Dios nos habla de muchas maneras, declarando su riqueza y nuestro empobrecimiento. «Yo soy el Creador de todas las cosas; mía es la riqueza y la gloria. *Pídeme*».

Podemos hacer todas las cosas con la ayuda de Dios y podemos tener toda su ayuda pidiendo. El éxito y el poder del Evangelio dependen de nuestra capacidad de orar. Las dispensaciones de Dios dependen de la capacidad del hombre para orar. Podemos tener todo lo que Dios tiene. *Pídeme*. Esto no es producto de la imaginación ni un sueño ocioso ni una vana fantasía. La vida de la Iglesia es la vida más elevada. Su oficio es orar. Su vida de oración es la vida más elevada, la más olorosa, la más conspicua.

El libro del Apocalipsis no dice nada sobre la oración como un gran deber, un servicio sagrado, sino mucho sobre la oración en su fuerza y energías agregadas. Es la fuerza de la oración siempre viva y siempre orando; son todas las oraciones de los santos saliendo como una energía poderosa y viva, mientras que los labios que pronunciaron las palabras se aquietan y sellan en la muerte, mientras que la iglesia viva tiene una energía de fe para heredar las fuerzas de todas las oraciones pasadas y hacerla inmortal.

La declaración del filósofo bautista John Foster contiene la más pura filosofía y la simple verdad de Dios, pues Dios no tiene fuerza ni exige más condiciones que la oración. «Orar más y mejor traerá el triunfo más seguro y rápido a la causa de Dios; orar débil, formal y desganadamente trae decadencia y muerte. La Iglesia tiene su ancla en la oración; sus almacenes están allí».

«Estoy convencido», continúa Foster, «de que todo hombre que en medio de sus serios proyectos se da cuenta de su dependencia de Dios se sentirá impulsado a orar y ansioso de inducir a sus amigos serios a orar casi cada hora. Sin ella, no se prometerá ningún noble éxito, como tampoco un marino esperaría alcanzar una costa distante desplegando sus velas sin viento».

«He insinuado mi temor de que es de visionarios esperar un éxito inusual en la administración humana de la religión a menos que haya presagios inusuales: ahora un espíritu de oración más enfático sería tal presagio; y el individuo que se decidiera a probar su última eficacia posible probablemente se encontraría convirtiéndose en un agente mucho más prevaleciente en su pequeña esfera. Y si la totalidad, o el mayor número de los discípulos del cristianismo tuvieran cada uno una ferviente e inalterable resolución de combinarse para que el cielo no retuviera una sola influencia que el mayor esfuerzo de conspiración y perseverante súplica obtendría, sería una señal de que una revolución en el mundo está cerca».

Edward Payson, uno de los hombres de Dios, dice de esta declaración de Foster: «Muy pocos misioneros desde los apóstoles probablemente lo han intentado. El que haga la primera prueba creo que hará maravillas. Nada de lo que yo pudiera escribir, nada de lo que un ángel pudiera escribir, sería necesario para quien hiciera la prueba».

«Uno de los principales resultados de la poca experiencia que he tenido como ministro cristiano es la convicción de que la religión consiste, en gran parte, en dar a Dios el lugar en nuestras opiniones y sentimientos que Él ocupa realmente en el universo. Sabemos que en el universo Él es todo en todos. En la medida en que Él es constantemente todo en todo para nosotros, en la medida en que cumplimos con el mandato del salmista a su alma: "Alma mía, espera solo en Dios", en esa medida, entiendo, hemos avanzado hacia la perfección. Es comparativamente fácil esperar en Dios; pero esperar solo en Él; sentir, en lo que concierne a nuestra fuerza, felicidad y utilidad, como si todas las criaturas y causas segundas hubieran sido aniquiladas y estuviéramos solos en el universo con Dios es, sospecho, un logro difícil y raro. Al menos, estoy seguro de estar muy lejos de haberlo logrado. En la medida en que lo logremos, todo nos resultará fácil, porque nos convertiremos en hombres de oración y podemos decir de la oración lo que Salomón dice del dinero: que todo lo resuelve».

Este mismo John Foster dijo, cuando se acercaba la muerte: «Nunca he orado más fervientemente ni probablemente con tanta fidelidad. "Orad sin cesar" ha sido la frase que se repetía en el pensamiento silencioso y estoy seguro de que ha de ser mi práctica hasta la última hora consciente de la vida. Oh, ¿por qué no durante todo ese largo, indolente e inanimado medio siglo pasado?».

Y, sin embargo, esta es la forma en que todos actuamos con respecto a la oración. Conscientes como somos de su importancia, de su importancia vital, dejamos sin embargo que las horas pasen en blanco y solo podemos lamentar en la muerte su irremediable pérdida.

Cuando reflexionamos serenamente sobre el hecho de que el progreso del Reino de nuestro Señor depende de la oración, es triste pensar que dedicamos tan poco tiempo a este santo ejercicio. Todo depende de la oración y, sin embargo, la descuidamos no solo para nuestro propio daño espiritual, sino también para el retraso y perjuicio de la causa de nuestro Señor en la tierra. Las fuerzas del bien y del mal se disputan el mundo. Si quisiéramos, podríamos añadirnos al poder conquistador del ejército de justicia y, sin embargo, nuestros labios están sellados, nuestras manos cuelgan desganadas a nuestro lado y, al alejarnos de la oración, ponemos en peligro la misma causa en la que profesamos estar profundamente interesados.

La oración es la única condición primordial y eterna por la que el Padre se compromete a poner al Hijo en posesión del mundo. Cristo ora por medio de su pueblo. Si hubiera habido oración importuna, universal y continua por parte del pueblo de Dios, mucho antes la tierra habría sido poseída para Cristo. La demora no se debe a los obstáculos inveterados, sino a la falta del pedir correcto. En todo hacemos más que en orar. Por pobres que sean nuestras ofrendas, nuestras contribuciones de dinero superan nuestras ofrendas de oración. Tal vez en la congregación promedio, cincuenta personas ayudan con pagos y solo un alma santa y ardiente se encierra con Dios y lucha por la liberación del mundo. La oración oficial en ocasiones especiales no cuenta para nada en esta estimación. Hacemos más hincapié en otras cosas que en la necesidad de la oración.

Oramos siguiendo un orden establecido, pero no tenemos el mundo al alcance de nuestra fe. No estamos orando según el orden que mueve a Dios y trae todas las influencias Divinas para ayudarnos. El mundo necesita más oraciones verdaderas para salvarlo del reino y la ruina de Satanás.

No oramos como oró Elías. John Foster explica este problema desde un punto de vista práctico. «Cuando la Iglesia de Dios», dice, «despierte a su obligación y deberes y a la fe correcta para reclamar lo que Cristo ha prometido —"absolutamente todo"—, tendrá lugar una revolución».

Pero no toda oración es oración. El poder impulsor, la fuerza conquistadora en la causa de Dios es Dios mismo. «Invócame y te responderé y te mostraré cosas grandes y poderosas que tú conoces», es el desafío de Dios a la oración. La oración pone a Dios con toda su fuerza en su obra. «Pedidme lo que ha de venir, acerca de mis hijos y acerca de la obra de mis manos, pedidme», es la carta blanca de Dios a la oración. La fe solo es omnipotente cuando está de rodillas y sus manos extendidas se aferran a Dios, entonces llega al máximo de la capacidad de Dios; porque solo una fe que ora puede obtener de Dios «todo lo que sea». Maravillosas lecciones son la mujer sirofenicia, la viuda importuna y el amigo a medianoche de lo que la oración intrépida puede hacer para dominar o desafiar las condiciones, para cambiar la derrota en victoria y triunfar en las regiones de la desesperación. La unión con Cristo, la cumbre del logro espiritual, es gloriosa en todas las cosas; más gloriosa en el hecho de que entonces podemos «pedir lo que queramos y se nos hará». La oración en el nombre de Jesús pone la corona en Dios, porque lo glorifica a través del Hijo y compromete al Hijo a dar a los hombres «todas y cada una de las cosas» que pidan.

En el Nuevo Testamento, la maravillosa oración del Antiguo Testamento se pone en primer plano para que pueda provocar y estimular nuestra oración y va precedida de una declaración cuya energía dinámica apenas podemos traducir. «La súplica del justo puede mucho. Elías era un hombre de pasiones semejantes a las nuestras y oró fervientemente para que no lloviera, y no llovió sobre la tierra por espacio de tres años y seis meses. Volvió a orar y el cielo dio lluvia y la tierra produjo su fruto».

Nuestra escasez de resultados, la causa de todas las flaquezas, es resuelta por el Apóstol Santiago: «No tenéis, porque no pedís. Pedís y no recibís, porque pedís mal, para gastarlo en vuestros placeres».

Esa es toda la verdad en pocas palabras.

IV

«La potencia de la oración ha sometido la fuerza del fuego; refrenado la furia de los leones, hecho descansar la anarquía, extinguido las guerras, apaciguado los elementos, expulsado a los demonios, roto las cadenas de la muerte, ensanchado las puertas del cielo, aplacado las enfermedades, repelido los fraudes, rescatado a las ciudades de la destrucción y detenido el curso del sol y el avance del rayo. La oración es una panoplia que todo lo puede, un tesoro inagotable, una mina que nunca se agota, un cielo que las nubes no oscurecen, un cielo que la tormenta no perturba. Es la raíz, la fuente y la madre de mil bendiciones».

Crisóstomo

«Las oraciones de los hombres santos aplacan la ira de Dios, ahuyentan las tentaciones, resisten y vencen al demonio, procuran el ministerio y el servicio de los ángeles, rescinden los decretos de Dios. La oración cura la enfermedad y obtiene el perdón; detiene al sol en su curso y detiene las ruedas del carro de la luna; gobierna sobre todos los dioses y abre y cierra los almacenes de la lluvia, abre el gabinete del vientre y apaga la violencia del fuego; detiene la boca de los leones y reconcilia nuestras sufridas y débiles facultades con la violencia del tormento y la violencia de la persecución; complace a Dios y suple todas nuestras necesidades».

Jeremy Taylor

«La oración hace más cosas
Que las que este mundo es capaz de soñar. Por eso, que tu voz
Suba como una fuente para mí noche y día.
Pues ¿cómo serán los hombres mejores que ovejas o cabras,
Que alimentan una vida ciega dentro del cerebro,
Si, conociendo a Dios, no levantan manos de oración
Tanto para ellos mismos como para los que les llaman amigos?
Porque todo el ancho mundo
Atado está con cadenas de oro a los pies de Dios».

Tennyson

«La oración perfecta es solo otro nombre para el amor».

Fenelon

Se decía del difunto C. H. Spurgeon que pasaba de la risa a la oración con la naturalidad de quien ha vivido en ambos elementos. En él, el hábito de la oración era libre y sin trabas. Su vida no estaba dividida en compartimentos, uno cerrado al otro con una rígida exclusividad que impedía toda intercomunicación. Vivía en constante comunión con su Padre celestial. Siempre estaba en contacto con Dios y por eso orar le era tan natural como respirar.

«Qué bien lo hemos pasado; demos gracias a Dios por ello», le dijo a un amigo en una ocasión, cuando, bajo el cielo azul y envueltos en un sol glorioso, habían disfrutado de unas vacaciones con el entusiasmo desenfrenado de los colegiales. La oración brotaba tan espontáneamente de sus labios como la conversación de todos los días y nunca hubo la menor incongruencia en su acercamiento al trono divino desde cualquier cosa en la que pudiera estar participando.

Esa es la actitud con respecto a la oración que debe caracterizar a todo hijo de Dios. Hay, y debe haber, temporadas establecidas de comunicación con Dios cuando, excluyendo todo lo demás, venimos a Su presencia para hablar con Él y dejar que Él nos hable; y de tales temporadas brota el hermoso hábito de oración que teje un lazo de oro entre la tierra y el cielo. Sin estos tiempos señalados, el hábito de la oración nunca puede formarse; sin ellos no hay alimento para la vida espiritual. Por medio de ellas, el alma se eleva a una nueva atmósfera, la atmósfera de la ciudad celestial, en la que es fácil abrir el corazón a Dios y hablar con Él como quien habla con su amigo.

Así, en todas las circunstancias de la vida, la oración es la efusión más natural del alma, el dirigirse sin trabas a Dios en busca de comunión y dirección. Ya sea en la tristeza o en la alegría, en la derrota o en la victoria, en la salud o en la debilidad, en la calamidad o en el éxito, el corazón salta al encuentro de Dios como un niño corre a los brazos de su madre, siempre seguro de que con ella está la simpatía que satisface todas las necesidades.

El Dr. Adam Clarke, en su autobiografía, relata que cuando el Sr. Wesley regresaba a Inglaterra en barco, se produjo un retraso considerable a causa de vientos contrarios. Wesley estaba leyendo cuando se dio cuenta de cierta confusión a bordo y al preguntar qué pasaba le informaron que el viento estaba en contra. «Entonces», fue su respuesta, «vayamos a orar».

Después de que el Dr. Clarke hubo orado, Wesley prorrumpió en una ferviente súplica que parecía más la ofrenda de la fe que del mero deseo. «Dios todopoderoso y eterno», oró. «Tú tienes dominio en todas partes y todas las cosas sirven al propósito de tu voluntad. Tú sostienes los vientos en tus puños y estás sentado sobre las crecidas de las aguas y reinas como Rey para siempre. Manda a estos vientos y a estas olas que te obedezcan y llévanos pronto y a salvo al puerto al que queremos llegar».

Todos sintieron la fuerza de esta petición. Wesley se levantó de sus rodillas, no hizo ningún comentario, sino que tomó su libro y continuó leyendo. El Dr. Clarke subió a cubierta y, para su sorpresa, encontró el navío en el rumbo correcto. La vela no cambió hasta que el barco estuvo anclado. Ante el repentino y favorable cambio de viento, Wesley no hizo ningún comentario; tanto esperaba *ser oído* que dio por sentado que Dios *lo había escuchado*.

Esa era una oración con un propósito: la expresión definida y directa de alguien que sabía que tenía el oído de Dios y que Dios tenía la voluntad y el poder de conceder la petición que le hacía.

El mayor D. W. Whittle, en una introducción a las maravillas de la oración, dice de George Muller, de Bristol: «Conocí al Sr. Muller en el expreso, la mañana de nuestro viaje de Quebec a Liverpool. Una media hora antes de que el ferry llevara a los pasajeros al barco, preguntó al agente si había llegado una tumbona para él desde Nueva York. Le contestaron que no y le dijeron que era imposible que llegase a tiempo. Llevaba conmigo una silla que acababa de comprar. Le hablé al Sr. Muller del lugar en el que la había comprado, que estaba cerca, y le sugerí que comprara una de inmediato. Su respuesta fue: "No, hermano. Nuestro Padre Celestial enviará la silla desde Nueva York. Es una de las que usa la señora Muller. Escribí hace diez días a un hermano, que prometió hacerla llegar aquí la semana pasada. No ha sido puntual, como yo hubiera deseado, pero estoy seguro de que nuestro Padre Celestial enviará la silla. La señora Muller se marea mucho en el mar y ha deseado particularmente tener esta silla. Y al no encontrarla aquí ayer, hicimos una oración especial para que nuestro Padre Celestial se complazca en proveérnosla y confiaremos en que así lo hará". Al ver a este querido hombre de Dios subir tranquilamente a bordo, corriendo el riesgo de que la señora Muller hiciera el viaje sin silla, cuando, por un par de dólares, se la podrían haber proporcionado, confieso que temí que el señor Muller estuviera llevando demasiado lejos sus principios de fe y no actuara con prudencia. Me retuvieron en la oficina del expreso diez minutos después de que el señor Muller se fuera. Justo cuando empecé a apresurarme hacia el muelle, una yunta subió por la calle y encima de un cargamento recién llegado de Nueva York estaba la silla del señor Muller. La enviaron de inmediato al *ferry* y la pusieron en mis manos para que se la llevara al señor Muller, justo cuando el barco abandonaba el muelle (el Señor tenía una lección para mí). El señor Muller la cogió con la expresión feliz y complacida de un niño que acaba de recibir una amabilidad profundamente apreciada y, quitándose reverentemente el sombrero y cruzando las manos sobre él, dio las gracias al Padre Celestial por enviar la silla».

Uno de los corresponsales de Melancthon escribe sobre la oración de Lutero: «No puedo admirar lo suficiente la extraordinaria alegría, constancia, fe y esperanza de este hombre en estos tiempos difíciles y vejatorios. Alimenta constantemente estos bondadosos afectos con un estudio muy diligente de la Palabra de Dios. No pasa un día en que no emplee en la oración al menos tres de sus mejores horas. Una vez le oí orando. ¡Dios mío! ¡Qué espíritu y qué fe hay en sus expresiones! Suplica a Dios con tanta reverencia como si estuviera en la presencia divina y, sin embargo, con una esperanza y una confianza tan firmes como si se dirigiera a un padre o a un amigo. "Yo sé", dijo él, "que Tú eres nuestro Padre y nuestro Dios y por eso estoy seguro de que Tú harás cesar a los perseguidores de tus hijos. Porque si no lo hicieras, tu propia causa, que está relacionada con la nuestra, estaría en peligro. Es enteramente de tu incumbencia. Nosotros, por tu providencia, nos hemos visto obligados a tomar parte. Tú, por lo tanto, serás nuestra defensa". Mientras escuchaba a Lutero orar de esta manera, a cierta distancia, mi alma parecía arder dentro de mí, al oír a aquel hombre dirigirse a Dios como a un amigo, pero con tanta gravedad y reverencia; y también al oírle, en el curso de su oración, insistir en las promesas contenidas en los Salmos, como si estuviera seguro de que sus peticiones serían concedidas».

De William Bramwell, un notable predicador metodista en Inglaterra, maravilloso por su celo y oración, un sargento mayor relata lo siguiente: «En julio de 1811, nuestro regimiento recibió órdenes de ir a España, entonces sede de una guerra prolongada y sanguinaria. Mi mente estaba dolorosamente atormentada por la idea de dejar a mi querida esposa y a mis cuatro hijos indefensos en un país extraño, desprotegidos y sin provisiones. El señor Bramwell sintió un vivo interés por nuestra situación y su espíritu compasivo parecía absorber todos los agonizantes sentimientos de mi tierna esposa. Suplicó al trono de la gracia día y noche en nuestro favor. Mi esposa y yo pasamos la noche anterior a nuestra marcha en casa de un amigo, en compañía del señor Bramwell, que estaba sentado en ánimo muy pensativo y parecía encontrarse en una lucha espiritual todo el tiempo. Después de cenar, de repente sacó la mano de su pecho, la puso sobre mi rodilla y dijo: "¡Hermano Riley, fíjate en lo que te voy a decir! No irás a España. Recuerda lo que digo, no irás; porque he estado luchando con Dios en tu favor y cuando mi Padre Celestial condesciende en misericordia a bendecirme con el poder de asirme a Él, no lo suelto fácilmente; no hasta ser favorecido con una respuesta. Por lo tanto, puedes estar seguro de que la próxima vez que tenga noticias tuyas, estarás instalado en tu cuartel". Esto sucedió exactamente como él dijo. Al día siguiente, la orden de ir a España fue revocada».

Estos hombres oraban con un propósito. Para ellos, Dios no estaba lejos, en alguna región inaccesible, sino a la mano, siempre dispuesto a escuchar la llamada de sus hijos. No había ninguna barrera entre ellos. Estaban en términos de perfecta intimidad, si se puede usar tal frase en relación con el hombre y su Hacedor. Ninguna nube ocultaba el rostro del Padre a su confiado hijo, que podía mirar al rostro divino y derramar los anhelos de su corazón. Y ese es el tipo de oración que Dios nunca deja de escuchar. Sabe que proviene de un corazón en armonía con el Suyo, de uno completamente entregado al plan celestial, y por eso inclina Su oído y da al hijo suplicante la seguridad de que su petición ha sido escuchada y contestada.

¿Acaso no hemos tenido todos alguna experiencia semejante cuando, con propósito firme e inquebrantable, nos hemos acercado al rostro de nuestro Padre? En una agonía del alma hemos buscado refugio de la opresión del mundo en la antesala del cielo; las olas de la desesperación parecían amenazar con la destrucción y, como no se veía por ninguna parte una vía de escape, nos apoyamos, como los discípulos de antaño, en el poder de nuestro Señor, clamándole que nos salvara para que no pereciéramos. Y entonces, en un abrir y cerrar de ojos, la cosa estaba hecha. Las olas se hundieron en la calma; el aullante viento se calmó a la orden divina; la agonía del alma se transformó en una paz reposada, mientras sobre todo el ser se deslizaba la conciencia de la presencia divina, trayendo consigo la seguridad de la oración contestada y la dulce liberación.

«Le cuento al Señor mis problemas y dificultades y espero que Él me dé las respuestas a ellos», dice un hombre de Dios. «Y es maravilloso cómo un asunto que parecía muy oscuro se vuelve claro como el cristal en la oración con la ayuda del Espíritu de Dios. Creo que los cristianos fracasan tan a menudo en obtener respuestas a sus oraciones porque no esperan lo suficiente en Dios. Se dejan caer y dicen unas pocas palabras y luego se levantan de un salto y se olvidan y esperan que Dios responda. Orar así siempre me recuerda al niño pequeño que toca el timbre de la puerta de su vecino y sale corriendo tan rápido como puede».

Cuando adquirimos el hábito de la oración entramos en una nueva atmósfera. «¿Espera usted ir al cielo?», preguntó alguien a un devoto escocés. «Pues, hombre, yo vivo allí», fue la pintoresca e inesperada respuesta. Era una declaración concisa de una gran verdad, porque todo el camino al cielo es el cielo mismo para el cristiano que camina lo suficientemente cerca de Dios como para escuchar los secretos que Él tiene para impartir.

Esta actitud queda bellamente ilustrada en una historia de Horace Bushnell, contada por el Dr. Parkes Cadman. Se descubrió que Bushnell padecía una enfermedad incurable. Una noche lo visitó el reverendo Joseph Twichell y, mientras estaban sentados juntos bajo el cielo estrellado, Bushnell dijo: «Uno de nosotros debería orar». Twichell le pidió a Bushnell que lo hiciera y Bushnell comenzó su oración; enterrando la cara en la tierra, derramó su corazón hasta que, dijo Twichell al recordar el incidente, «tuve miedo de estirar la mano en la oscuridad, no fuera a tocar a Dios».

Tener a Dios así cerca es entrar en el lugar santísimo, respirar la fragancia del aire celestial, pasear por los deliciosos jardines del Edén. Solo la oración puede llevar a Dios y al hombre a esta feliz comunión. Esa fue la experiencia de Samuel Rutherford, como es la experiencia de todo el que pasa por la misma puerta. Cuando este santo de Dios estuvo confinado en la cárcel en una ocasión por causa de su conciencia, disfrutó en un grado poco común de la compañía divina, registrando en su diario que Jesús entró en su celda y que a su venida «cada piedra destelló como un rubí».

Muchos otros han dado testimonio de la misma dulce comunión, cuando la oración se había convertido en el único hábito de vida que significaba más que cualquier otra cosa para ellos. David Livingstone vivió en el reino de la oración y conoció su bondadosa influencia. Tenía la costumbre de escribir una oración cada vez que cumplía años, y en el penúltimo de todos, esta fue su oración: «Oh, Divino Único, no te he amado con suficiente seriedad, profundidad y sinceridad. Concédeme, te ruego, que antes de que acabe este año haya terminado mi tarea». Fue justo en el umbral del año siguiente cuando sus fieles seguidores, al asomarse a la cabaña de Ilala, mientras la lluvia goteaba de los aleros, vieron a su maestro de rodillas junto a su lecho en actitud de oración. Había muerto de rodillas, orando.

Stonewall Jackson era un hombre de oración. Dijo: «He fijado tanto el hábito en mi mente que nunca levanto un vaso de agua a mis labios sin pedir la bendición de Dios, nunca sello una carta sin poner una palabra de oración bajo el sello, nunca tomo una carta del correo sin un breve envío de mis pensamientos al cielo, nunca cambio mis clases en el aula sin una petición de un minuto por los cadetes que salen y por los que entran».

James Gilmour, el misionero pionero en Mongolia, era un hombre de oración. Tenía la costumbre de no utilizar nunca el secante. Cuando llegaba al final de una página, esperaba a que se secara la tinta y dedicaba ese tiempo a la oración.

De este modo todo su ser se saturaba de la Divinidad y se convertía en el reflejo de la fragancia y la gloria celestiales. Caminando con Dios por las avenidas de la oración adquirimos algo de Su semejanza, e inconscientemente nos convertimos en testigos ante los demás de Su belleza y Su gracia. El profesor James, en su famosa obra *Variedades de la experiencia religiosa*, habla de un hombre de cuarenta y nueve años que dijo: «Dios es más real para mí que cualquier pensamiento, cosa o persona. Siento Su presencia positivamente y tanto más cuanto más vivo en armonía con Sus leyes escritas en mi cuerpo y en mi mente. Lo siento bajo el sol o bajo la lluvia; y todo esto, mezclado con un delicioso descanso, es lo que mejor describe mis sentimientos. Hablo con Él como con un compañero de oración y alabanza y nuestra comunión es deliciosa. Él me responde una y otra vez, a menudo con palabras tan claramente pronunciadas que parece que mi oído externo debe haber transmitido el tono, pero generalmente con fuertes impresiones mentales. Por lo general, con un texto de las Escrituras, desplegando alguna nueva visión de Él y de Su amor por mí, y de cómo cuida de mi seguridad… La certeza de que Él es mío y yo soy suyo nunca me abandona; es una alegría permanente. Sin ella, la vida sería un espacio en blanco, un desierto, un desierto sin orillas ni caminos».

Igualmente notable es el testimonio de Sir Thomas Browne, el querido médico que vivió en Norwich en 1605 y autor de un libro muy notable de amplia circulación, *Religio Medici*. A pesar de que Inglaterra atravesaba un período de convulsión nacional y excitación política, encontró consuelo y fuerza en la oración. «He resuelto», escribió en un diario encontrado entre sus papeles privados después de su muerte, «orar más y orar siempre, orar en todos los lugares donde la quietud invite, en la casa, en la carretera y en la calle; y no conocer calle o pasaje en esta ciudad que no sea testigo de que no he olvidado a Dios». Y añade: «Me propongo tener ocasión de orar a la vista de cualquier iglesia por la que pase, para que Dios sea adorado allí en espíritu y para que las almas se salven allí; orar diariamente por mis pacientes enfermos y por los pacientes de otros médicos; a mi entrada en cualquier hogar decir: "Que la paz de Dios habite aquí"; después de oír un sermón, orar pidiendo una bendición sobre la verdad de Dios y sobre el mensajero; a la vista de una persona hermosa, bendecir a Dios por sus criaturas, rogar por la belleza de su alma, para que Dios la enriquezca con gracias interiores y para que lo exterior y lo interior se correspondan; a la vista de una persona deforme, rogar a Dios que le dé la integridad de su alma y la belleza de la resurrección».

¡Qué ilustración del espíritu orante! Tal actitud representa la oración sin cesar, revela el hábito de la oración en su súplica incesante, en su comunión ininterrumpida, en su intercesión constante. ¡Qué ilustración, también, del propósito en la oración! ¿De cuántos de nosotros puede decirse que, al pasar junto a personas en la calle, oramos por ellas, o que, al entrar en una casa o en una iglesia, recordamos a los internos o a la congregación en oración a Dios?

La explicación de nuestra irreflexión u olvido reside en el hecho de que la oración para muchos de nosotros es simplemente una forma de egoísmo; significa pedir algo para nosotros mismos; eso y nada más.

Y necesitamos orar para ser liberados de tal actitud.

V

«La oración de fe es el único poder en el universo al que cede el gran Jehová. La oración es el remedio soberano».

Robert Hall

«La Iglesia, empeñada en la adquisición del poder temporal casi había abandonado sus deberes espirituales, y su imperio, que descansaba sobre cimientos espirituales, se desmoronaba con su decadencia y amenazaba con desaparecer como una visión insustancial».

La Inquisición de Lea

¿Oramos como Cristo oró? ¿Permanecemos en Él? ¿Son nuestras súplicas y nuestro espíritu el desbordamiento de Su espíritu y súplicas? ¿Gobierna el amor el espíritu, el amor perfecto?

Estas preguntas deben considerarse apropiadas y oportunas en un momento como el presente. Tememos que estemos haciendo más otras cosas que orar. Esta no es una época de oración; es una época de gran actividad, de grandes movimientos, pero en la que la tendencia es muy fuerte a enfatizar lo visible y material, y a descuidar y descartar lo invisible y lo espiritual. La oración es la mayor de todas las fuerzas, porque honra a Dios y lo trae en ayuda activa.

No puede haber sustituto ni rival para la oración; ella se erige sola como la gran fuerza espiritual y esta fuerza debe ser inminente y actuante. No se puede prescindir de ella durante una generación ni mantenerla en suspenso para el avance de ningún gran movimiento; debe ser continua y particular, siempre, en todas partes y en todo. No podemos realizar nuestras operaciones espirituales con las oraciones de la generación pasada. Muchas personas creen en la eficacia de la oración, pero no muchas oran. La oración es la más fácil y la más difícil de todas las cosas; la más simple y la más sublime; la más débil y la más poderosa; sus resultados están fuera del alcance de las posibilidades humanas; solo están limitados por la omnipotencia de Dios.

Pocos cristianos tienen algo más que una vaga idea del poder de la oración; menos aún tienen alguna experiencia de ese poder. La Iglesia parece ignorar casi por completo el poder que Dios pone en sus manos; esta carta blanca espiritual sobre los infinitos recursos de la sabiduría y el poder de Dios rara vez, o nunca, se utiliza; nunca se utiliza en toda la medida en que honra a Dios. Es asombroso cuán pobre es el uso, cuán escasos los beneficios. La oración es nuestra arma más formidable, pero aquella en la que somos los menos hábiles, los más reacios a usarla. Hacemos todo lo demás por los paganos, excepto lo que Dios quiere que hagamos; lo único que hace algún bien, que hace que todo lo demás que hacemos sea eficiente.

Graduarse en la escuela de oración es dominar todo el curso de una vida religiosa. La oración corona la primera y la última etapa de la vida santa. Es un oficio de vida. Los obstáculos de la oración son los obstáculos de una vida santa. Las condiciones de la oración son las condiciones de la rectitud, la santidad y la salvación. Un chapucero en el oficio de la oración es un chapucero en el oficio de la salvación.

La oración es un oficio que hay que aprender. Debemos ser aprendices y dedicarle nuestro tiempo. Se requiere un esmerado cuidado, mucha reflexión, práctica y trabajo para ser un hábil artesano en la oración. La práctica en este, así como en todos los demás oficios, hace al maestro. Las manos y los corazones que se afanan hacen expertos en este oficio celestial.

A pesar de los beneficios y bendiciones que fluyen de la comunión con Dios, debemos confesar tristemente que no estamos orando mucho. Un número muy pequeño comparativamente dirige la oración en las reuniones. Menos aún oran en sus familias. Menos aún tienen el hábito de orar regularmente en sus aposentos. Las reuniones especialmente dedicadas a orar son tan raras como las heladas en junio. En muchas iglesias no existe ni el nombre ni la apariencia de una reunión de oración. En las iglesias de pueblos y ciudades la reunión de oración de nombre no es una reunión de oración de hecho. Un sermón o una conferencia es la característica principal. La oración es el accesorio nominal.

Nuestro pueblo no es esencialmente un pueblo orante. Eso es evidente por sus vidas.

La oración y la vida santa son una sola cosa. Actúan y reaccionan mutuamente. Ninguna puede sobrevivir sola. La ausencia de una es la ausencia de la otra. El monje depravó la oración, sustituyó la oración por la superstición, la vida santa por la rutina. Nosotros corremos el peligro de sustituir la oración y la vida santa por el trabajo eclesiástico y una incesante ronda de actividades vistosas. Una vida santa no vive en el aposento, pero no puede vivir sin orar en su aposento. Si, por casualidad, se estableciera una cámara de oración sin una vida santa, sería una cámara sin la presencia de Dios en ella.

Poner a los santos en todas partes a orar es la carga del esfuerzo apostólico y la nota clave del éxito apostólico. Jesucristo se había esforzado por hacer esto en los días de su ministerio personal. Movido por una infinita compasión ante los campos maduros de la tierra que perecían por falta de obreros y haciendo una pausa en su propia oración, trata de despertar la dormida sensibilidad de sus discípulos al deber de la oración, mientras encarga: «Rogad al Señor de la mies que envíe obreros a su mies». Y les dijo una parábola con este fin: que los *hombres deben* orar siempre.

Antes de Pentecostés, los apóstoles solo pudieron vislumbrar esta gran importancia de la oración. Pero la venida y llenura del Espíritu en Pentecostés elevó la oración a su posición vital y de mando en el Evangelio de Cristo. La llamada de la oración a cada santo es ahora la llamada más fuerte y exigente del Espíritu. La piedad de la santidad se hace, se refina, se perfecciona con la oración. El Evangelio se mueve con paso lento y tímido cuando los santos no están en sus oraciones temprano y tarde y largo.

¿Dónde están los líderes semejantes a Cristo que puedan enseñar a los santos modernos a orar y ponerlos a ello? ¿Saben nuestros líderes que estamos levantando un conjunto de santos sin oración? ¿Dónde están los líderes apostólicos que pueden poner al pueblo de Dios a orar? Que vengan al frente y hagan el trabajo, y será el trabajo más grande que se pueda hacer. Un aumento de las instalaciones educativas y un gran aumento de la fuerza monetaria serán la más terrible maldición para la religión si no son santificados por más y mejor oración de la que estamos haciendo.

Orar más no será una cuestión casual. La campaña para el siglo veinte o treinta no ayudará a nuestra oración, sino que la obstaculizará si no tenemos cuidado. Solo servirá el esfuerzo específico de un liderazgo orante. Solo los líderes que oran pueden tener seguidores que oran. Los apóstoles que oran engendrarán santos que oran. Un púlpito que ora engendrará bancas que oran. Necesitamos grandemente a alguien que pueda poner a los santos a orar. Somos una generación de santos que no oran. Los santos que no oran son una mísera pandilla de santos, que no tienen ni el ardor ni la belleza ni el poder de los santos.

¿Quién restaurará esta rama? El más grande de los reformadores y apóstoles será el que pueda poner a la Iglesia a orar.

En el pasado, los hombres santos han cambiado toda la fuerza de las corrientes, han revolucionado el carácter y el país mediante la oración. Y tales logros son todavía posibles para nosotros. El poder solo necesita ser usado. La oración no es más que la expresión de la fe.

El tiempo no alcanzaría para contar las maravillas realizadas por la oración, pues por ella los santos «han sometido reinos, han hecho justicia, han obtenido promesas, han cerrado la boca de los leones, han apagado la violencia del fuego, han escapado al filo de la espada, de la debilidad se han hecho fuertes, se han hecho valientes en la lucha, se han vuelto para combatir a ejércitos extranjeros, las mujeres han recibido a sus muertos resucitados».

La oración honra a Dios; deshonra al yo. Es la súplica del hombre de debilidad, ignorancia, necesidad. Una súplica que el cielo no puede ignorar. Dios se complace en que oremos.

La oración no es enemiga del trabajo, no paraliza la actividad. Trabaja poderosamente; la oración misma es el mayor trabajo. Hace surgir la actividad, estimula el deseo y el esfuerzo. La oración no es un opiáceo, sino un tónico; no adormece, sino que despierta de nuevo a la acción. El hombre perezoso no ora, no quiere orar, no puede orar, porque la oración exige energía. Pablo la llama lucha, agonía. Para Jacob fue una lucha; para la mujer sirofenicia fue también una lucha que ponía en juego todas las cualidades superiores del alma y exigía una gran fuerza.

El espacio de oración no es un asilo para el cristiano indolente e inútil. No es una guardería para niños. Es el campo de batalla de la Iglesia; su ciudadela; el escenario de conflictos heroicos y sobrenaturales. La intimidad de la oración es la base de suministros para el cristiano y la Iglesia. Separado de ella, no queda más que la retirada y el desastre.

La energía para el trabajo, el dominio sobre uno mismo, la liberación del miedo, todos los resultados y gracias espirituales, avanzan mucho con la oración. La diferencia entre la fuerza, la experiencia y la santidad de los cristianos se encuentra en el contraste de su oración.

Las oraciones escasas, cortas y débiles siempre denotan una baja condición espiritual. Los hombres deben orar mucho y aplicarse a ello con energía y perseverancia. Los cristianos eminentes han sido eminentes en la oración. Las cosas profundas de Dios no se aprenden en ninguna otra parte. Las grandes cosas para Dios se hacen por medio de grandes oraciones. El que ora mucho, estudia mucho, ama mucho, trabaja mucho, hace mucho por Dios y por la humanidad. La ejecución del Evangelio, el vigor de la fe, la madurez y la excelencia de las gracias espirituales esperan en la oración.

VI

«Nada es imposible para la industria, dijo uno de los siete sabios de Grecia. Cambiemos la palabra industria por oración perseverante y el lema será más cristiano y más digno de adopción universal. Estoy persuadido de que todos estamos más faltos de espíritu de oración que de cualquier otra gracia. Dios ama tanto la oración importuna que no nos dará muchas bendiciones sin ella. Y la razón por la que ama tal oración es que nos ama y sabe que es una preparación necesaria para que recibamos las más ricas bendiciones que Él está esperando y anhelando otorgar.

Nunca había orado sincera y fervientemente por nada, pero en algún momento llegó. No importa cuán remoto fuese el día, de alguna manera, de alguna forma, probablemente la última que yo hubiese imaginado, llegó».

Adoniram Judson

«Me parece que es bueno perseverar en los intentos de orar. Si no puedo orar con perseverancia o continuar mucho tiempo dirigiéndome al Ser Divino, he descubierto que cuanto más hago en oración secreta, más me deleito en hacerlo y he disfrutado más del espíritu de oración; y con frecuencia he encontrado lo contrario, cuando por viajar o por alguna otra cosa, me he visto privado de la soledad».

David Brainerd

Cristo pone la importunidad como característica distintiva de la verdadera oración. No solo debemos orar, sino que debemos orar con gran urgencia, con intención y con repetición. No solo debemos orar, sino que debemos orar una y otra vez. No debemos cansarnos de orar. Debemos estar completamente entregados, profundamente preocupados por las cosas que pedimos, porque Jesucristo dejó muy claro que el secreto de la oración y su éxito radican en su urgencia. Debemos apremiar a Dios con nuestras oraciones.

En una parábola de exquisito patetismo y sencillez, nuestro Señor enseñó no solo que los hombres deben orar, sino que deben orar con todo el corazón y presionar el asunto con energía vigorosa y corazón valiente.

«Y les dio una parábola para que orasen siempre y no desmayasen, diciendo: Había en una ciudad un juez que no temía a Dios ni estimaba a los hombres; y había en aquella ciudad una viuda, la cual venía muchas veces a él, diciendo: "Véngame de mi adversario". Y él no quiso por algún tiempo; pero después dijo dentro de sí: "Aunque no temo a Dios, ni estimo a los hombres, ya que esta viuda me perturba, la vengaré, no sea que me canse con sus continuas venidas". Y el Señor dijo: "Oye lo que dice el juez injusto". ¿No vengará Dios a sus escogidos, quienes día y noche claman a Él, que es paciente con ellos? Os aseguro que los vengará pronto. Pero cuando venga el Hijo del hombre, ¿hallará fe en la tierra?».

El caso de esta pobre mujer era desesperado, pero la importunidad saca la esperanza de los reinos de la desesperación y crea el éxito donde ni el éxito ni sus condiciones existían. No podría haber un caso más fuerte para mostrar cómo la incansable e intrépida importunidad consigue sus fines donde todo lo demás falla. El prefacio de esta parábola dice: «Dijo una parábola con este fin, para que los hombres oren siempre y no desmayen». Él sabía que los hombres pronto desfallecerían al orar, así que para animarnos nos da este cuadro del maravilloso poder de la importunidad.

La viuda, débil y desvalida, es la personificación del desamparo; desprovista de toda esperanza e influencia que pudiera conmover a un juez injusto. Sin embargo, gana su caso únicamente por su incansable y ofensiva importunidad. ¿Podría la necesidad de la importunidad, su poder y su tremenda importancia en la oración, ser retratada con colores más profundos o más impresionantes? El ser importuno supera o elimina todos los obstáculos, vence todas las fuerzas que se resisten y alcanza sus fines frente a obstáculos invencibles. No podemos hacer nada sin la oración. Todo puede hacerse mediante la oración insistente.

Esa es la enseñanza de Jesucristo.

Otra parábola pronunciada por Jesús refuerza la misma gran verdad. Un hombre, a medianoche, acude a su amigo para que le preste pan. Sus súplicas son enérgicas, basadas en la amistad y en las vergonzosas y exigentes demandas de la necesidad, pero todas ellas fracasan. No consigue pan, pero se queda y presiona, y espera y gana. La pura importunidad tiene éxito donde todas las demás súplicas e influencias habían fracasado.

El caso de la mujer sirofenicia es una parábola en acción. Es detenida en su acercamiento a Cristo por la información de que Él no recibirá a nadie. Se le niega Su presencia y luego en Su presencia es tratada con aparente indiferencia, con la frialdad del silencio y el desdén. Ella presiona y se acerca, la presión y el acercamiento son rechazados por la declaración severa y aplastante de que Él no fue enviado para gente como ella, que ella es reprobada de Su misión y poder. La humillan como a un perro. Sin embargo, lo acepta todo, lo supera todo, lo gana todo con su importunidad humilde, intrépida e invencible. El Hijo de Dios, complacido, sorprendido, dominado por su inconquistable importunidad, dice: «Oh, mujer, grande es tu fe; hágase contigo como tú quieres». Jesucristo se entrega a la importunidad de una gran fe. «¿Y no vengará Dios a sus elegidos que claman día y noche a Él, aunque los soporte mucho tiempo?».

Jesucristo pone la capacidad de importunar como uno de los elementos de la oración, una de las condiciones principales de la oración. La oración de la mujer sirofenicia es una exhibición del incomparable poder de la importunidad, de un conflicto más real y que implica más energía vital, resistencia y todos los elementos superiores de lo que jamás se ilustró en los conflictos de Isthmia u Olimpia.

Las primeras lecciones de importunidad se enseñan en el Sermón de la Montaña: «Pedid y se os dará; buscad y hallaréis; llamad y se os abrirá». Son pasos que van avanzando: «Porque todo el que pide, recibe; y el que busca, halla; y al que llama, se le abrirá».

Sin continuidad, la oración puede quedar sin respuesta. La intemperancia se compone de la capacidad de aguantar, de empujar, de esperar con asidero inquieto y sin descanso, deseo inquieto y paciencia reposada. La oración importuna no es un incidente, sino lo principal; no es una actuación, sino una pasión; no es una necesidad, sino una urgencia.

La oración, en su forma más elevada y en su mayor éxito, asume la actitud de un luchador con Dios. Es la contienda, la prueba y la victoria de la fe; una victoria no obtenida de un enemigo, sino de Aquel que prueba nuestra fe para engrandecerla: que prueba nuestra fortaleza para hacernos más fuertes. Pocas cosas dan al alma un vigor tan vivo como una larga y exhaustiva temporada de oración importuna. Es una experiencia, una época, un nuevo calendario para el espíritu, una nueva vida para la religión, un entrenamiento militar. La Biblia nunca se cansa de ilustrar el hecho de que el bien espiritual más elevado está asegurado como el retorno de la forma más elevada de esfuerzo espiritual. En la religión bíblica no hay estímulo ni lugar para deseos débiles, esfuerzos lánguidos, actitudes perezosas. Todo debe ser vigoroso, urgente, ardiente. Los deseos inflamados, la insistencia apasionada e incansable deleitan al cielo. Dios quiere que sus hijos sean incorregiblemente honestos y persistentemente audaces en sus esfuerzos. El Cielo está demasiado ocupado para escuchar oraciones a medias o para responder a llamadas tibias.

Todo nuestro ser debe estar en nuestra oración. Como John Knox, debemos decir y sentir: «Dame Escocia, o muero». Nuestra experiencia y revelaciones de Dios nacen de nuestro costoso sacrificio, de nuestros costosos conflictos, de nuestra costosa oración. La lucha de Jacob, toda la noche orando, inició una era que nunca se olvidará, trajo a Dios al rescate, cambió la actitud y la conducta de Esaú, cambió el carácter de Jacob, salvó y afectó su vida y entró en los hábitos de una nación.

Nuestras temporadas de oración importuna se tallan como la huella de un diamante en nuestros lugares más duros y marcan con huellas inmarcesibles nuestros caracteres. Son los períodos sobresalientes de nuestras vidas, las piedras conmemorativas que perduran y a las que recurrimos.

La importunidad —no está de más repetirlo— es una condición de la oración. Debemos insistir en el asunto, no con repeticiones vanas, sino con repeticiones urgentes. Repetimos, no para contar las veces sino para ganar la oración. No podemos dejar de orar porque el corazón y el alma están en ello. Oramos «con toda perseverancia». Nos aferramos a nuestras oraciones porque de ellas vivimos. Presionamos nuestras súplicas porque debemos tenerlas o morir. Cristo nos da dos parábolas muy expresivas para enfatizar la necesidad de la importunidad en la oración. Tal vez Abraham perdió Sodoma por no presionar al máximo su privilegio de orar. Sabemos que Joás perdió porque se abstuvo de golpear.

La perseverancia cuenta mucho tanto con Dios como con el hombre. Si Elías hubiera cesado en su primera petición, los cielos apenas habrían cedido su lluvia a su débil plegaria. Si Jacob hubiera dejado de orar a la hora de acostarse, apenas habría sobrevivido al encuentro del día siguiente con Esaú. Si la mujer sirofenicia hubiera permitido que su fe desfalleciera por el silencio, la humillación o el rechazo, o si se hubiera detenido en medio de sus luchas, su afligido hogar nunca se habría visto iluminado por la curación de su hija.

Orad y no desmayéis, es el lema que Cristo nos da para orar. Es la prueba de nuestra fe y cuanto más dura sea la prueba y más larga la espera, más gloriosos serán los resultados.

Los beneficios y la necesidad de la importunidad los enseñan los santos del Antiguo Testamento. Los hombres que oran deben ser fuertes en esperanza, fe y oración. Deben saber cómo esperar y presionar, esperar en Dios y ser serios en nuestros acercamientos a Él.

Abraham nos ha dejado un ejemplo de importuna intercesión en su apasionada súplica a Dios en favor de Sodoma y Gomorra y si, como ya se ha indicado, no hubiera cesado en su petición, tal vez Dios no habría cesado en Su generosidad.

«Abraham dejó de pedir antes de que Dios dejara de conceder». Moisés enseñó el poder de la importunidad cuando intercedió por Israel cuarenta días y cuarenta noches, ayunando y orando. Y tuvo éxito en su importunidad.

Jesús, en Su enseñanza y ejemplo, ilustró y perfeccionó este principio de súplica y espera del Antiguo Testamento. Qué extraño que el único Hijo de Dios, que vino en una misión directa de Su Padre —cuyo único cielo en la tierra, cuya única vida y ley eran hacer la voluntad de Su Padre en esa misión—, estuviera bajo la ley de la oración, que las bendiciones que le vinieron fueran impregnadas y compradas por la oración. Más extraño aún es que la importunidad en la oración fuera el proceso por el cual se obtuvieron Sus más ricos suministros del Cielo. Si no hubiera orado con importunidad, no habría habido transfiguración en Su historia, ni obras poderosas habrían hecho Divina Su carrera.

Su oración de toda la noche fue lo que llenó de compasión y poder Su trabajo de todo el día. La oración importuna de Su vida coronó Su muerte con el triunfo. Aprendió la alta lección de la sumisión a la voluntad de Dios en las luchas de la oración importuna antes de ilustrar esa sumisión tan sublime en la cruz.

«Nos guste o no», dijo el Sr. Spurgeon, «*pedir es la regla del reino*». «Pedid y recibiréis». Es una regla que nunca será alterada en el caso de nadie. Nuestro Señor Jesucristo es el hermano mayor de la familia, pero Dios no ha relajado la regla para Él. Recuerden este texto: «Jehová dice a su propio Hijo: "Pídeme y te daré por heredad los cielos y por posesión tuya los confines de la tierra". Si el Real y Divino Hijo de Dios no puede ser eximido de la regla de pedir que Él tenga, tú y yo no podemos esperar que la regla sea relajada a nuestro favor. ¿Por qué habría de ser así? ¿Qué razón se puede alegar para eximirnos de la oración? ¿Qué argumento puede haber para que se nos prive del privilegio y se nos libere de la necesidad de suplicar? Yo no veo ninguna: ¿y tú? Dios bendecirá a Elías y enviará lluvia a Israel, pero Elías debe rogar por ella. Si la nación elegida ha de prosperar, Samuel debe suplicar por ella. Si los judíos han de ser liberados, Daniel debe interceder. Dios bendecirá a Pablo y las naciones se convertirán a través de él, pero Pablo debe orar. Oraba sin cesar; sus epístolas muestran que no esperaba nada sino pidiéndolo. Si podéis tenerlo todo pidiendo y nada sin pedir, os ruego que veáis cuán absolutamente vital es la oración y os suplico que abundéis en ella».

No cabe la menor duda de que muchas de nuestras oraciones fracasan por falta de perseverancia. Carecen del fuego y la fuerza de la perseverancia. La perseverancia es la esencia de la verdadera oración. Puede que no siempre se recurra a ella, pero debe estar presente como fuerza de reserva. Jesús enseñó que la perseverancia es el elemento esencial de la oración. Los hombres deben ser serios cuando se arrodillan ante el escabel de Dios.

Con demasiada frecuencia nos acobardamos y dejamos de orar en el punto en el que deberíamos empezar. Nos rendimos en el punto en el que deberíamos aferrarnos con más fuerza. Nuestras oraciones son débiles porque no están animadas por una voluntad inquebrantable y pertinaz.

Dios ama al suplicante importuno y le envía respuestas que nunca le habrían sido concedidas de no ser por la persistencia que se niega a ceder hasta que la petición anhelada le es concedida.

VII

«Sospecho que he estado dedicando habitualmente muy poco tiempo a ejercicios religiosos, como la devoción privada, la meditación religiosa, la lectura de las Escrituras, etc. De ahí que sea flaco, frío y duro. Dios tal vez me prodigaría más en las cosas espirituales si fuera más diligente en el uso de los medios de la gracia. Más me valdría dedicar más tiempo, digamos dos horas u hora y media, a los ejercicios religiosos diarios y probar si al hacerlo no puedo conservar un estado de espíritu más habitualmente devocional, un sentido más vivo de las cosas invisibles, un amor más cálido a Dios, y un mayor grado de hambre y sed de justicia, un corazón menos propenso a ensuciarse con preocupaciones, designios, pasiones y aprehensiones mundanas, y un verdadero anhelo indisoluble del cielo, sus placeres y su pureza».

William Wilberforce

«Los hombres deben orar siempre, y no desmayar». Las palabras son de nuestro Señor, quien no solo siempre trató de inculcar en Sus seguidores la urgencia y la importancia de la oración, sino que les dio un ejemplo que, por desgracia, han sido demasiado lentos en copiar.

Él *siempre* habla por sí mismo. La oración no es una función o un deber sin sentido, que hay que amontonar en el ajetreado o cansado final del día. No estamos obedeciendo el mandato de nuestro Señor cuando nos contentamos con unos pocos minutos sobre nuestras rodillas en el ajetreo de la mañana o a última hora de la noche, cuando las facultades, cansadas de las tareas del día, piden descanso. Dios está siempre al alcance de la mano, es cierto; su oído está siempre atento al clamor de su hijo, pero nunca podremos llegar a conocerlo si utilizamos el vehículo de la oración como utilizamos el teléfono, para unas pocas palabras de conversación apresurada. La intimidad requiere desarrollo. Nunca podremos conocer a Dios como tenemos el privilegio de hacerlo, mediante breves, fragmentarias e irreflexivas repeticiones de intercesiones que son peticiones de favores personales y nada más. No es así como podemos entrar en comunicación con el Rey del cielo. "La meta de la oración es el oído de Dios", una meta que solo puede alcanzarse mediante la espera paciente, constante y continua en Él, derramando nuestro corazón hacia Él y permitiéndole que nos hable. Solo así podemos esperar conocerlo y a medida que lleguemos a conocerlo mejor, pasaremos más tiempo en su presencia y encontraremos en ella un deleite constante y cada vez mayor.

Siempre no significa que hemos de descuidar los deberes ordinarios de la vida; lo que significa es que el alma que ha entrado en contacto íntimo con Dios en el silencio de la cámara de oración nunca está fuera de contacto consciente con el Padre; significa que el corazón siempre está yendo hacia Él en comunión amorosa y que cuando la mente se libera de la tarea en la que está ocupada vuelve tan naturalmente a Dios como el pájaro a su nido. Qué hermoso concepto de la oración tenemos si la consideramos desde esta perspectiva, si la vemos como una comunión constante, una audiencia ininterrumpida con el Rey. La oración pierde entonces todo vestigio de temor que pudiera haber poseído alguna vez; ya no la consideramos como un deber que debe cumplirse, sino más bien como un privilegio que debe disfrutarse, un raro deleite que siempre está revelando alguna nueva belleza.

Así, cuando abrimos los ojos por la mañana, nuestro pensamiento se eleva instantáneamente hacia el cielo. Para muchos cristianos, las horas matutinas son la parte más preciosa del día, porque brindan la oportunidad para la sagrada comunión que da la nota clave al programa del día. ¿Y qué mejor introducción puede haber a la incesante gloria y maravilla de un nuevo día que pasarlo a solas con Dios? Se dice que el Sr. Moody, en una época en que no había otro lugar disponible, hacía su guardia matutina en el depósito de carbón, derramando su corazón a Dios y encontrando en su preciosa Biblia un verdadero «festín de cosas enormes».

George Muller también combinaba el estudio de la Biblia con la oración en las tranquilas horas matutinas. Su práctica era entregarse a la oración, después de haberse vestido, por la mañana. Entonces su plan sufrió un cambio. Como él mismo dijo: «Vi que lo más importante que tenía que hacer era dedicarme a la lectura de la Palabra de Dios y a la meditación en ella, para que así mi corazón pudiera ser consolado, alentado, advertido, reprendido, instruido; y que así, por medio de la Palabra de Dios, mientras meditaba en ella, mi corazón pudiera ser llevado a una comunión experimental con el Señor. Comencé, pues, a meditar en el Nuevo Testamento por la mañana temprano. Lo primero que hice, después de haber pedido en pocas palabras la bendición del Señor sobre su preciosa Palabra, fue comenzar a meditar en la Palabra de Dios, escudriñando, por así decirlo, en cada versículo para obtener bendición de ella; no por ministerio público de la Palabra, no por predicar lo que había meditado, sino por obtener alimento para mi propia alma. El resultado que he hallado ha sido casi invariablemente este: que después de muy pocos minutos mi alma ha sido llevada a la confesión, o a la acción de gracias, o a la intercesión, o a la súplica; de modo que, aunque no me entregué, por decirlo así, a la oración, sino a la meditación, se convirtió casi inmediatamente más o menos en oración».

El estudio de la Palabra y la oración van juntos y donde encontramos el uno verdaderamente practicado, el otro seguro se verá en estrecha alianza.

Pero no oramos siempre. Ese es el problema con muchos de nosotros. Necesitamos orar mucho más de lo que oramos y mucho más tiempo del que usamos para eso.

Robert Murray McCheyne, genio y santo, de quien se dijo que «tanto si se le consideraba como hijo, hermano, amigo o pastor, era la muestra más impecable y atractiva del verdadero cristiano que jamás habían visto encarnado en forma viva», sabía lo que era pasar mucho tiempo de rodillas y nunca se cansó de instruir a los demás en la alegría y el valor de la santa intercesión. «Los hijos de Dios deben orar», decía. «Deben clamar día y noche a Él, Dios escucha cada uno de vuestros clamores en la hora ocupada del día y en las solitarias vigilias de la noche». Por todos los medios, por la predicación, por la exhortación cuando estaba presente y por cartas cuando estaba ausente, McCheyne enfatizaba el deber vital de la oración, la oración importuna e incesante.

En su diario encontramos esto: «Por la mañana me dediqué a preparar la cabeza y luego el corazón. Este ha sido frecuentemente mi error y siempre he sentido el mal de ello, especialmente en la oración. Reformadlo, pues, Señor». Durante su viaje a Tierra Santa escribió: «Me siento en deuda con las oraciones de mi pueblo por gran parte de nuestra seguridad. Si se levantara el velo de la maquinaria mundial, cuánto encontraríamos hecho en respuesta a las oraciones de los hijos de Dios». En un sermón de ordenación dijo al predicador: «Dedícate a las oraciones y al ministerio de la Palabra. Si no oras, Dios probablemente te apartará de tu ministerio, como hizo conmigo, para enseñarte a orar. Recuerda la máxima de Lutero: "Haber orado bien es haber estudiado bien". Obtén tus textos de Dios, tus pensamientos, tus palabras. Lleva los nombres del pequeño rebaño sobre tu pecho como el Sumo Sacerdote. Lucha por los inconversos. Lutero pasó sus últimas tres horas en oración; John Welch oraba siete u ocho horas al día. Solía tener una manta sobre la cama para envolverse en ella cuando se levantaba por la noche. A veces, su mujer lo encontraba en el suelo tumbado, llorando. Cuando ella se quejaba, él le decía: "Oh, mujer, tengo que responder por las almas de tres mil, y no sé cómo me va con muchas de ellas". Al pueblo exhortaba y encargaba: "Orad por vuestro pastor. Orad por su cuerpo, que se mantenga fuerte y le sean regalados muchos años. Orad por su alma, para que se mantenga humilde y santa, una luz ardiente y brillante. Orad por su ministerio, para que sea bendecido abundantemente, para que sea ungido para predicar buenas nuevas. Que no haya oración secreta sin nombrarlo ante vuestro Dios ni oración familiar sin llevar a vuestro pastor en vuestros corazones a Dios"».

«Dos cosas», dice su biógrafo, «parecen no haber cesado nunca: el cultivo de la santidad personal y los esfuerzos más ansiosos por ganar almas». Ambas son inseparables del ministerio de la oración. La oración fracasa cuando fracasan el deseo y el esfuerzo por la santidad personal. Nadie es un ganador de almas si no es un adepto al ministerio de la oración. «Es deber de los ministros», dice este santo varón, «comenzar la reforma de la religión y de las costumbres consigo mismos, con las familias, etc., con la confesión del pecado pasado, la oración ferviente pidiendo dirección, gracia y pleno propósito del corazón». Comienza consigo mismo bajo el título de "Reforma en Oración Secreta" y resuelve:

«No debo omitir ninguna de las partes de la oración: confesión, adoración, acción de gracias, petición e intercesión. Hay una temible tendencia a omitir la *confesión*, que procede de la baja opinión que tengo de Dios y de su ley, de la escasa opinión que tengo de mi corazón y del pecado de mi vida pasada. Esto debe ser resistido. Hay una tendencia constante a omitir la *adoración* cuando olvido a Quién le estoy hablando, cuando me precipito imprudentemente a la presencia de Jehová sin pensar en Su terrible nombre y carácter. Cuando tengo poca vista para su gloria y poca admiración de sus maravillas, tengo la tendencia nativa del corazón de omitir *dar gracias* y, sin embargo, hacerlo está especialmente ordenado. A menudo, cuando el corazón está muerto para la salvación de otros, omito la *intercesión* y, sin embargo, es especialmente el espíritu del gran Abogado quien tiene el nombre de Israel en su corazón. Debo orar antes de ver a alguien. A menudo, cuando duermo mucho, o me reúno temprano con otros, y luego tengo la oración familiar y el desayuno y las visitas de la mañana, son las once o las doce antes de que comience la oración secreta. Este es un sistema miserable; no es bíblico. Cristo se levantó antes del día y se fue a un lugar solitario. David dice: "Temprano te buscaré; temprano oirás mi voz". María Magdalena vino al sepulcro cuando aún estaba oscuro. La oración familiar pierde gran parte de su fuerza y dulzura; y no puedo hacer ningún bien a los que vienen a solicitarme ayuda. La conciencia se siente culpable, el alma sin alimentar, la lámpara sin mantener. Creo que es mucho mejor empezar por Dios, ver primero su rostro, acercar mi alma a Él antes que a otro. "Cuando despierto, todavía estoy contigo". Si he dormido demasiado, o voy a hacer un viaje temprano, o mi tiempo se acorta de alguna manera, es mejor vestirme apresuradamente y tener unos minutos a solas con Dios que darlo todo por perdido. Pero, en general, es mejor tener al menos una hora a solas con Dios antes de ocuparnos en cualquier otra cosa. Debo pasar las mejores horas del día en comunión con Dios. Cuando me despierto por la noche, debo levantarme y orar como David y John Welch».

McCheyne creía que había que estar *siempre* en oración, y su fructífera vida, por corta que fuese, ofrece una ilustración del poder que proviene de las largas y frecuentes visitas al lugar secreto donde mantenemos el encuentro con nuestro Señor.

Hoy en día se necesitan hombres de la talla de McCheyne: hombres que oren, que sepan entregarse a la mayor tarea que exija su tiempo y su atención; hombres que puedan entregar todo su corazón a la santa tarea de la intercesión, hombres que sepan orar hasta el final. La causa de Dios está comprometida con los hombres; Dios se compromete con los hombres. Los hombres que oran son los vicerregentes de Dios; hacen su trabajo y llevan a cabo sus planes.

Estamos obligados a orar si somos ciudadanos del Reino de Dios. La falta de oración es la expatriación, o quizá algo peor, del Reino de Dios. Es una proscripción, un delito grave, una infracción constitucional. El cristiano que relega la oración a un lugar subordinado en su vida pronto pierde cualquier celo espiritual que haya poseído alguna vez, y la Iglesia que hace poco por la oración no puede mantener la piedad vital y carece del poder para hacer avanzar el Evangelio. El Evangelio no puede vivir, luchar, conquistar sin la oración, una oración incesante, instantánea y ardiente.

La poca oración es la característica de una época de decadencia y de una Iglesia disminuida. Siempre que haya poca oración en el púlpito o en la banca, la bancarrota espiritual es inminente e inevitable. La causa de Dios no tiene edad comercial, ni edad culta, ni edad de la educación, ni edad del dinero. Pero tiene una edad de oro, que es la edad de la oración. Cuando sus líderes sean hombres de oración, cuando la oración sea el elemento predominante del culto, como el incienso que da fragancia continua a su servicio, entonces la causa de Dios triunfará.

Necesitamos más y mejores oraciones. Necesitamos hombres más santos y más de ellos, mujeres más santas y más de ellas para orar; mujeres como Ana, de cuyas mayores penas y tentaciones salieron sus mayores oraciones. A través de la oración, Ana encontró su consuelo. En todas partes donde la Iglesia era infiel y apóstata, sus enemigos salían victoriosos. Ana se entregó a la oración y en el dolor multiplicó sus oraciones. Vio nacer de su oración un gran avivamiento. Cuando toda la nación estaba oprimida, Samuel, profeta y sacerdote, nació para establecer una nueva línea de sacerdocio y sus oraciones dieron vida a una nueva vida para Dios. En todas partes la religión revivió y floreció. Dios, fiel a su promesa, *pídeme*, aunque la oración provenía del corazón roto de una mujer, escuchó y respondió, enviando un nuevo día de santa alegría para revivir a su pueblo.

Así que, una vez más, hagamos énfasis y repitamos que la gran necesidad de la Iglesia en esta y en todas las épocas son hombres de una fe tan imponente, de una santidad tan inmaculada, de un vigor espiritual tan marcado y de un celo tan ardiente, que obren revoluciones espirituales por medio de su poderosa oración. «La capacidad natural y las ventajas educativas no figuran como factores en este asunto; sino la capacidad de fe, la capacidad de orar, el poder de una consagración completa, la capacidad de la humildad propia, una pérdida absoluta de uno mismo en la gloria de Dios, un anhelo siempre presente e insaciable y la búsqueda de toda la plenitud de Dios. Hombres que puedan hacer arder la Iglesia para Dios, no de un modo ruidoso y llamativo, sino con un calor intenso y silencioso que derrita y mueva todas las cosas para Dios».

Y, volviendo al punto vital, la oración secreta es la prueba, el medidor, el conservador de la relación del hombre con Dios. La cámara de oración, al mismo tiempo que es la prueba de la sinceridad de nuestra devoción a Dios, se convierte también en la medida de la devoción. La abnegación, los sacrificios que hacemos por mantener nuestra cámara de oración, la frecuencia de nuestras visitas a ese lugar sagrado de encuentro con el Señor, la demora en quedarnos, la aversión a marcharnos, son valores que ponemos en la comunión a solas con Dios, el precio que pagamos por las horas de encuentro con el amor celestial del Espíritu.

La cámara de oración conserva nuestra relación con Dios, cose cada borde sin rematar, recoge cada prenda suelta y se enreda, ciñe cada cintura desfalleciente. El ancla no sujeta el barco con más seguridad que la cámara de oración a Dios. Satanás tiene que romper nuestro vínculo con Dios y cerrarnos el paso a las cámaras de oración, antes de poder romper nuestro vínculo con Dios o cerrarnos el paso al cielo.

«No temas orar; orar es justo;
Ora si puedes con esperanza, pero ora siempre,
Aunque la esperanza sea débil o enferme por la larga demora;
Ora en la oscuridad si no hay luz;
Y si por la interferencia de un deseo no te atreves a orar
Entonces ruega a Dios que deseche ese deseo».

VIII

«En nombre de Dios te suplico que dejes que la oración alimente tu alma como las comidas alimentan tu cuerpo. Que tus tiempos fijos de oración te mantengan en la presencia de Dios a lo largo del día y que su presencia frecuentemente recordada a través de Él sea un manantial siempre fresco de oración. Este breve y amoroso recuerdo de Dios renueva todo el ser humano, apacigua sus pasiones, proporciona luz y consejo en las dificultades, somete gradualmente el temperamento y hace que posea su alma con paciencia, o más bien que la entregue a la posesión de Dios».

Fenelon

«Dediqué demasiado tiempo y atención a los deberes externos y públicos del ministerio. Pero esta ha sido una conducta errónea, pues he aprendido que descuidar la abundante y ferviente comunión con Dios en meditación y oración no es el modo de redimir el tiempo ni de capacitarme para los ministerios públicos.

Atribuyo con razón mi muerte actual a la falta de tiempo y tranquilidad suficientes para la devoción privada. A falta de más lectura, retiro y devoción privada, tengo poco dominio sobre mi propio temperamento. Un día infeliz para mí por falta de más soledad y oración. Aunque haga cosas, o aunque haya algo que deje de hacer, que sea perfecto en la oración. Después de todo, sea lo que sea lo que Dios designe, la oración es lo más importante. Oh, que yo pueda ser un hombre de oración».

Henry Martyn

No podemos afirmar con certeza que los hombres hubieran dejado de orar en tiempos de Pablo. En general, han dejado de orar ahora. Están demasiado ocupados para orar. El tiempo, las fuerzas y todas las facultades humanas se dedican al dinero, a los negocios, a los asuntos del mundo. Pocos hombres se dedican a orar. La oración es un asunto apresurado, mezquino, hambriento y mendigo para la mayoría de los hombres.

San Pablo hace un alto y pone a los hombres a orar. Poner a los hombres a orar es el remedio infalible de Pablo para los grandes males en la Iglesia, en el Estado, en la política, en los negocios, en el hogar. Pongan a los hombres a orar y la política se limpiará, los negocios serán más ahorrativos, la Iglesia será más santa, el hogar será más dulce.

«Exhorto, pues, en primer lugar, a que se hagan rogativas, oraciones, intercesiones y acciones de gracias por todos los hombres; por los reyes y por todos los que están en las altas esferas de autoridad; para que llevemos una vida tranquila y sosegada en toda piedad y gravedad. Esto es bueno y aceptable a los ojos de Dios nuestro Salvador... Deseo, pues, que los hombres oren en todo lugar, levantando manos santas, sin ira ni contienda» (I Timoteo ii. 1-3, 8).

Las mujeres y los niños que oran son muy valiosos para Dios, pero si su oración no se complementa con la de hombres que oren, habrá una gran pérdida en el poder de la oración, una gran brecha y depreciación en el valor de la oración, una gran parálisis en la energía del Evangelio. Jesucristo dio una parábola a la gente, diciéndoles que los hombres siempre deben orar y no desmayar. Los hombres que son fuertes en todo lo demás deben ser fuertes en la oración y nunca ceder al desaliento, la debilidad o la depresión. Los hombres que son valientes, perseverantes y temibles en otras cosas deben ser valientes, constantes y de corazón fuerte en la oración.

Los *hombres* deben orar; *todos* los hombres deben orar. Los hombres, a diferencia de las mujeres, los hombres en su fuerza y en su sabiduría. Hay un mandato absoluto y específico de que los hombres oren; hay una necesidad imperiosa de que los hombres oren. El primero de los seres, el hombre, debe ser también el primero en orar.

Los hombres deben orar por los hombres. La orden es específica y clara. Justo debajo tenemos una orden específica con respecto a las mujeres. Sobre la oración, su importancia, amplitud y práctica, la Biblia trata aquí con los hombres en contraste con, y a diferencia de, las mujeres. A los hombres se les ordena definitivamente, se les encarga seriamente y se les exhorta calurosamente a orar. Tal vez era que los hombres eran reacios a la oración o indiferentes a ella; puede ser que la consideraban una cosa pequeña y no le daban ni tiempo ni valor ni importancia. Pero Dios quiere que todos los hombres oren y por eso el gran Apóstol pone el tema en primer plano y subraya su importancia.

Porque la oración tiene una importancia trascendental. La oración es el agente más poderoso para hacer avanzar el trabajo de Dios. Solo los corazones y las manos que oran pueden realizar la obra de Dios. La oración tiene éxito cuando todo lo demás falla. La oración ha ganado grandes victorias y ha rescatado, con notable triunfo, a los santos de Dios cuando toda otra esperanza había desaparecido. Los hombres que saben orar son la mayor bendición que Dios puede dar a la tierra; son el regalo más rico que la tierra puede ofrecer al cielo. Los hombres que saben usar el arma de la oración son los mejores soldados de Dios. Sus líderes más poderosos.

Los hombres que oran son los líderes escogidos por Dios. La distinción entre los líderes que Dios trae al frente para guiar y bendecir a Su pueblo y aquellos líderes que deben su posición de liderazgo a una selección mundana, egoísta y no santificada es esta: los líderes de Dios son preeminentemente hombres de oración. Esto los distingue como la simple y divina atestación de su llamado, el sello de su separación por y para Dios. Cualesquiera que sean las otras gracias o dones que puedan tener, el don y la gracia de la oración sobresalen por encima de todos ellos. En cualquier otra cosa que puedan compartir o diferir, en el don de la oración, son uno.

¿Qué sería de los líderes de Dios sin la oración? Despojad a Moisés de su poder en la oración, un don que le hizo eminente en la estimación pagana, y la corona es quitada de su cabeza, el alimento y el fuego de su fe se han ido. Elías, sin su oración, no tendría ni registro ni lugar en la legación divina, su vida insípida, cobarde, su energía, desafío y fuego desaparecidos. Sin la oración de Elías, el Jordán nunca se habría rendido al golpe de su manto, ni el ángel de la muerte le habría honrado con el carro y los caballos de fuego. El argumento que Dios utilizó para calmar los temores y convencer a Ananías de la condición y sinceridad de Pablo es el epítome de su historia, la solución de su vida y obra: «He aquí que ora».

Pablo, Lutero, Wesley, ¿qué serían estos elegidos de Dios sin el elemento distintivo y controlador de la oración? Eran líderes para Dios porque eran poderosos en la oración. No eran líderes por su brillantez en el pensamiento, por ser inagotables en recursos, por su magnífica cultura o dotación natural, sino líderes porque por el poder de la oración podían comandar el poder de Dios. Hombres que oran son mucho más que hombres que dicen oraciones; mucho más que hombres que oran por costumbre. Son hombres con los que la oración es una fuerza poderosa, una energía que mueve el cielo y derrama incontables tesoros de bien sobre la tierra.

Los hombres que oran son la seguridad de la Iglesia contra el materialismo que está afectando todos sus planes y políticas y que está endureciendo la sangre vital. Circula la insinuación, como un veneno secreto y mortal, de que la Iglesia ya no depende tanto de fuerzas puramente espirituales como antes, que los tiempos y las condiciones cambiantes la han sacado de sus apuros y dependencias espirituales y la han colocado donde otras fuerzas pueden llevarla a su clímax. Una trampa fatal de este tipo ha atraído a la Iglesia hacia abrazos mundanos, ha deslumbrado a sus líderes, ha debilitado sus cimientos y la ha despojado de gran parte de su belleza y fuerza. Los hombres de oración son los salvadores de la Iglesia de esta tendencia material. Ellos vierten en ella las fuerzas espirituales originales, la levantan de los bancos de arena del materialismo y la empujan hacia las profundidades del océano del poder espiritual. Los hombres de oración mantienen a Dios en la Iglesia con toda su fuerza; mantienen Su mano en el timón y entrenan a la Iglesia en sus lecciones de fuerza y confianza.

El número y la eficacia de los obreros de la viña de Dios en todas las tierras dependen de los hombres de oración. La potencia de estos hombres de oración aumenta por el proceso divinamente dispuesto, el número y el éxito de las labores consagradas. La oración abre de par en par sus puertas de acceso, da santa aptitud para entrar y santa audacia, firmeza y fruto. Se necesitan hombres orantes en todos los campos del trabajo espiritual. No hay posición en la Iglesia de Dios, alta o baja, que pueda ser bien ocupada sin oración instantánea. No hay puesto donde se encuentren cristianos que no exija el pleno desempeño de una fe que siempre ora y nunca desmaya. Se necesitan hombres de oración en la casa de los negocios, así como en la casa de Dios, para que puedan ordenar y dirigir el comercio, no según las máximas de este mundo, sino según los preceptos bíblicos y las máximas del mundo celestial.

Se necesitan hombres de oración especialmente en los puestos de influencia, honor y poder de la Iglesia. Estos líderes del pensamiento, del trabajo y de la vida de la Iglesia deben ser hombres de gran poder en la oración. Es el corazón que ora el que santifica el trabajo y la habilidad de las manos y el trabajo y la sabiduría de la cabeza. La oración mantiene el trabajo en la línea de la voluntad de Dios y mantiene el pensamiento en la línea de la Palabra de Dios. Las solemnes responsabilidades del liderazgo, en una esfera grande o limitada, en la Iglesia de Dios deberían estar tan cercadas por la oración que entre ella y el mundo debería haber un abismo infranqueable, tan elevado y purificado por la oración que ni la nube ni la noche deberían manchar el resplandor ni oscurecer la vista de una constante visión meridiana de Dios. Muchos líderes de la Iglesia parecen pensar que, si pueden ser prominentes como hombres de negocios, de dinero, de influencia, de pensamiento, de planes, de logros eruditos, dones elocuentes, de apropiarse de cosas, de actividades conspicuas, estos logros son suficientes y expiarán la ausencia del poder espiritual superior que solo mucha oración puede dar. Pero cuán vanos e insignificantes son estos en el serio trabajo de traer gloria a Dios, de controlar la Iglesia para Él y de llevarla a un pleno acuerdo con su misión Divina.

Los hombres que oran son los hombres que han hecho mucho por Dios en el pasado. Ellos son los que han ganado las victorias para Dios y vencido a Sus enemigos. Ellos son los que han establecido Su Reino en los mismos campos de Sus enemigos. No hay otras condiciones de éxito en este día. El siglo XX no tiene ningún estatuto de alivio que suspenda la necesidad o la fuerza de la oración, ningún sustituto mediante el cual se puedan asegurar sus bondadosos fines. Las manos que oran son las únicas que pueden edificar para Dios. Son los poderosos de Dios en la tierra, sus maestros constructores. Pueden estar desprovistos de todo lo demás, pero con las luchas y prevalencias de una fe de corazón sencillo son poderosos, los más poderosos para Dios. Los líderes de la Iglesia pueden estar dotados para todo lo demás, pero sin este don supremo son como Sansón sin sus cabellos o como el Templo sin la presencia divina o la gloria divina y en cuyos altares se ha apagado la llama celestial.

La única protección y rescate de la mundanalidad residen en nuestra intensa y radical espiritualidad; y nuestra única esperanza para la existencia y mantenimiento de esta elevada y salvadora espiritualidad, bajo Dios, está en el liderazgo más puro y agresivo, un liderazgo que conozca el poder secreto de la oración, el signo por el que la Iglesia ha vencido, y que tenga conciencia, convicción y valor para mantenerse fiel a sus símbolos, fiel a sus tradiciones y fiel a los escondrijos de su poder. Necesitamos este liderazgo orante; debemos tenerlo, para que por la perfección y belleza de su santidad, por la fuerza y elevación de su fe, por la potencia y presión de sus oraciones, por la autoridad e impecabilidad de su ejemplo, por el fuego y contagio de su celo, por la singularidad, sublimidad y desapego de su piedad, pueda influir en Dios, sostener y moldear a la Iglesia según su modelo celestial.

Qué poderosos se hacen sentir estos líderes. ¡Cómo su llama despierta a la Iglesia! ¡Cómo la agitan con la fuerza de su presencia pentecostal! ¡Cómo embalsaman y dan la victoria con los conflictos y triunfos de su propia fe! ¡Cómo la modelan con la impresión y la importunidad de sus oraciones! ¡Cómo la inoculan con el contagio y el fuego de su santidad! ¡Cómo encabezan la marcha de las grandes revoluciones espirituales! ¡Cómo resucita la Iglesia con la llamada a la resurrección de sus sermones! La santidad brota a su paso como las flores a la voz de la primavera, y donde pisan el desierto florece como el jardín del Señor. La causa de Dios exige tales líderes a lo largo de toda la línea de posiciones oficiales, desde el subalterno hasta el superior. ¡Cuán débiles, inútiles o mundanos son nuestros esfuerzos, cuán desmoralizados y vanos para la obra de Dios sin ellos!

El don de estos líderes no está al alcance del poder eclesiástico. Son los tamices de Dios. Su ser, su presencia, su número y su capacidad son las señales de Su favor; su falta la señal segura de Su desagrado, el presagio de Su retirada. Que la Iglesia de Dios esté de rodillas ante el Señor de los ejércitos, para que Él pueda dotar más poderosamente a los líderes que ya tenemos y poner a otros en rango y dirigir a todos a lo largo de la línea de nuestro frente asediado.

El mundo está entrando en la Iglesia en muchos puntos y de muchas maneras. Se inmiscuye con descarada fachada o con suave e insinuante disfraz; entra por arriba y entra por abajo; y se filtra por muchos caminos ocultos.

Buscamos hombres orantes y santos, hombres cuya presencia en la Iglesia la convierta en un incensario de santísimo incienso que flamee hacia Dios. Para Dios, el hombre lo es todo. Los ritos, las formas, las organizaciones son de poca importancia; a menos que estén respaldados por la santidad del hombre, son ofensivos a Sus ojos. «El incienso es abominación para mí; las lunas nuevas y los sábados, la convocación de asambleas son cosas que no puedo soportar; es iniquidad incluso la reunión solemne».

¿Por qué habla Dios tan fuertemente contra sus propias ordenanzas? La pureza personal había fracasado. El hombre impuro manchó todas las instituciones sagradas de Dios y las contaminó. Dios considera al hombre de una manera tan importante que pone una especie de desinterés en todo lo demás. Los hombres le han construido templos gloriosos y se han esforzado y agotado para agradar a Dios con toda clase de dones; pero en elevadas palabras ha reprendido a estos orgullosos adoradores y rechazado sus dones principescos.

«El cielo es mi trono y la tierra, el estrado de mis pies; ¿dónde está la casa que me edificáis y dónde el lugar de mi reposo? Porque todas esas cosas hizo Mi mano y todas esas cosas han ya pasado, dice el Señor. El que mata un buey, como si matara a un hombre; el que sacrifica un cordero, como si cortara el cuello a un perro; el que ofrece una ofrenda, como si ofreciera sangre de cerdo; el que quema incienso, como si bendijera a un ídolo». Apartándose con disgusto de estas ofrendas costosas y profanas, Él declara: «Pero a este hombre miraré, incluso a aquel que es pobre y contrito de espíritu, que tiembla ante mi palabra».

Esta verdad de que Dios considera la pureza personal del hombre es fundamental. Esta verdad sufre cuando da mucha importancia a las ordenanzas y se multiplican las formas de culto. El hombre y su carácter espiritual se deprecian a medida que aumentan los ceremoniales de la Iglesia. La sencillez del culto se pierde en la estética religiosa o en la ostentación de las formas religiosas.

Esta verdad de que la pureza personal del individuo es lo único que le importa a Dios se pierde de vista cuando la Iglesia comienza a estimar a los hombres por lo que tienen. Cuando la Iglesia mira el dinero de un hombre, su posición social, sus pertenencias de cualquier tipo, entonces los valores espirituales están en una decadencia temible y la lágrima de la penitencia, la pesadez de la culpa nunca se ven en sus portales. Los sobornos mundanos han abierto y manchado sus puertas nacaradas con la entrada de los impuros.

Esta verdad de que Dios vela por la pureza personal es devorada cuando la Iglesia tiene avidez de números. «Nuestro objetivo no son los números, sino la pureza personal», decían los padres del metodismo. La exhibición de las estadísticas de la Iglesia va poderosamente en contra de la religión espiritual. La búsqueda de números obstaculiza enormemente la búsqueda de la pureza personal. El aumento de la cantidad generalmente va en detrimento de la calidad. El volumen disminuye la belleza.

La época de la organización eclesiástica y de la maquinaria eclesiástica no se caracteriza por una piedad personal elevada y fuerte. La maquinaria busca ingenieros y las organizaciones buscan generales, y no santos, para dirigirlas. La organización simplista puede ayudar tanto a la pureza como a la fuerza; pero más allá de ese estrecho límite, la organización engulle al individuo y se despreocupa de la pureza personal. El empuje, la actividad, el entusiasmo, el celo por una organización, vienen como sustitutos viciosos del carácter espiritual. La santidad y todas las gracias espirituales de cultivo resistente y crecimiento lento se descartan como demasiado lentas y costosas para el progreso y la prisa de la época. A fuerza de maquinaria, de nuevas organizaciones y de debilidad espiritual, se espera vanamente obtener resultados que solo pueden conseguirse mediante la fe, la oración y la espera en Dios.

Lo que Dios busca es el hombre y su carácter espiritual. Si los hombres, los hombres santos, pudieran ser convertidos por el fácil proceso de la maquinaria de la Iglesia más rápido y mejor que por los procesos de antaño, con gusto invertiríamos en cada patente nueva y mejorada, pero no lo creemos. Nos adherimos al viejo camino, el camino que siguieron los santos profetas, el camino real de la santidad.

Un ejemplo de ello es el caso de William Wilberforce. De alta posición social, miembro del Parlamento, amigo de Pitt, el famoso estadista, no fue llamado por Dios a abandonar su alta posición social ni a dejar el Parlamento, sino a ordenar su vida según el modelo establecido por Jesucristo y a entregarse a la oración. Leer la historia de su vida impresiona por su santidad y su devoción a las exigencias de las horas tranquilas a solas con Dios. Su conversión fue anunciada a sus amigos —a Pitt y a otros— por carta.

En el comienzo de su carrera religiosa registra: «Mis principales razones para un día de oración secreta son, (1) Que el estado de los asuntos públicos es muy crítico y exige una sincera deprecación del desagrado divino. (2) Mi posición en la vida es muy difícil y no sé cómo actuar. Por lo tanto, de vez en cuando debo buscar orientación especial. (3) He sido gentilmente apoyado en situaciones difíciles de naturaleza pública. He salido y regresado a casa con seguridad y encontrado una amable acogida. Espero humildemente, también, que lo que estoy haciendo ahora sea una prueba de que Dios no me ha retirado su Espíritu Santo. Estoy cubierto de misericordias».

La recurrencia de su cumpleaños le llevó de nuevo a revisar su situación y su empleo. «Encuentro», escribió, «que los libros alejan mi corazón de Dios tanto como cualquier otra cosa. He estado elaborando un plan de estudio para mí mismo, pero permítanme recordar que solo una cosa es necesaria, que si mi corazón no puede mantenerse en un estado espiritual sin tanta oración, meditación, lectura de las Escrituras, etc., que son incompatibles con el estudio, debo buscar primero la justicia de Dios». Todo debía rendirse por el avance espiritual. «Me temo», le encontramos diciendo, «que no he estudiado las Escrituras lo suficiente. Seguramente en el receso de verano debería leer las Escrituras una o dos horas cada día, además de la oración, la lectura devocional y la meditación. Dios me prodigará mejor si espero en Él». La experiencia de todos los hombres de bien demuestra que sin oración y vigilancia constantes la vida de Dios en el alma se estanca. Las devociones matutinas y vespertinas de Doddridge eran asuntos serios. El coronel Gardiner pasaba siempre horas en oración por la mañana antes de salir. Bonnell practicaba sus devociones privadas en gran medida por la mañana y por la noche, y repetía los Salmos al vestirse y al desvestirse para elevar su mente a las cosas celestiales. «Pido a Dios que haga que los medios sean eficaces. Temo que mis devociones son demasiado apresuradas, que no leo las Escrituras lo suficiente. Debo crecer en gracia; debo amar más a Dios; debo sentir más el poder de las cosas divinas. Que sea más o menos erudito no significa nada. Aun si ejecuto el trabajo que considero útil, esto es comparativamente poco importante. Pero cuídate, mi alma, de la tibieza».

El Año Nuevo comenzó con la Santa Comunión y nuevos votos. «Seguiré adelante», escribió, «y me esforzaré por conocer mejor a Dios y amarlo más. Ciertamente podré, porque Dios dará su Espíritu Santo a los que se lo pidan, y el Espíritu Santo derramará el amor de Dios en el corazón. Oh, entonces, ora, ora; sé sincero, avanza y sigue adelante para conocer al Señor. Sin vigilancia, humillación y oración, el sentido de las cosas divinas debe languidecer». Para prepararse para el futuro, dijo que no encontraba nada más eficaz que la oración privada y la lectura seria del Nuevo Testamento.

Y otra vez: «Debo decir que últimamente tengo muy poco tiempo para devociones privadas. Lamentablemente, puedo confirmar el comentario de Doddridge de que cuando abandonamos la vida interior comúnmente abandonamos todo lo demás. Debo enmendarme aquí. Temo entrar en lo que Owen llama el comercio de pecar y arrepentirse... Señor, ayúdame, el acortamiento de las devociones privadas hace que el alma pase hambre; se vuelva flaca y débil. Esto no debe ser así. Debo ganar más tiempo. Veo cuán flaco de espíritu me vuelvo si no dispongo de todo el tiempo necesario para mis devociones privadas; debo tener cuidado de velar en oración».

En otro momento deja constancia: «Debo probar lo que hace tiempo oí que era la regla de E, el gran tapicero, que, cuando llegaba de Bond Street a su pequeña villa, siempre se retiraba primero a su cámara de oración. He estado trabajando hasta tarde por demasiado tiempo, y por eso solo he tenido media hora para mí. Sin duda, la experiencia de todos los hombres de bien confirma la proposición de que, sin la debida medida de devociones privadas, el alma se vuelve flaca».

A su hijo le escribió: «Permíteme conjurarte a que no te dejes seducir por la tentación de descuidar, reducir o apresurar tus oraciones matutinas. Sobre todas las cosas, cuídate de no descuidar a Dios en la intimidad. No hay nada más fatal para la vida y el poder de la religión. Más soledad y horas más tempranas: oren tres veces al día por lo menos. Cuánto mejor serviría si yo cultivara una comunicación más estrecha con Dios».

Wilberforce conocía el secreto de una vida santa. ¿No es ahí donde fallamos la mayoría de nosotros? Estamos tan ocupados con otras cosas, tan inmersos incluso en hacer el bien y en llevar a cabo la obra del Señor, que descuidamos los momentos tranquilos de oración con Dios y antes de que nos demos cuenta nuestra alma está flaca y empobrecida.

«Una noche a solas en oración», dice Spurgeon, «podría convertirnos en hombres nuevos, pasar de la pobreza del alma a la riqueza espiritual, de temblar a triunfar». Tenemos un ejemplo de ello en la vida de Jacob. Una noche en oración convirtió al sustituto en un príncipe prevaleciente y lo revistió de grandeza celestial. Desde aquella noche vive en la página sagrada como uno de los nobles del cielo. ¿No podríamos, al menos de vez en cuando, en estos cansados años terrenales, dedicar una sola noche a tan enriquecedor tráfico con los cielos? ¿Qué, no tenemos una ambición sagrada? ¿Somos sordos a los anhelos del amor divino? Sin embargo, hermanos míos, por la riqueza y por la ciencia los hombres abandonan alegremente sus cálidos divanes, ¿y no podemos hacerlo nosotros de vez en cuando por amor a Dios y por el bien de las almas? ¿Dónde está nuestro celo, nuestra gratitud, nuestra sinceridad? Me avergüenzo de reprenderme a mí mismo y a ustedes. ¿Podemos quedarnos a menudo en Jaboc y llorar con Jacob cuando se aferró al ángel?

«Contigo me quedaré toda la noche
Y lucharé hasta el amanecer».

Ciertamente, hermanos, si hemos dedicado días enteros a la locura, podemos dejar un espacio para la sabiduría celestial. Hubo un tiempo en que dedicábamos noches enteras a la alcoba y al desenfreno, al baile y a las juergas del mundo; entonces no nos cansábamos; regañábamos al sol porque salía demasiado pronto y deseábamos que las horas se demoraran un poco para poder deleitarnos en algarabías más salvajes y quizá en pecados más profundos. Oh, ¿por qué habríamos de cansarnos en los empleos celestiales? ¿Por qué nos cansamos cuando se nos pide velar con nuestro Señor? ¡Levántate, corazón perezoso, que Jesús te llama! Levántate y sal al encuentro del Amigo celestial en el lugar donde se manifiesta.

No podemos esperar crecer a semejanza de nuestro Señor a menos que sigamos su ejemplo y demos más tiempo a la comunión con el Padre. Un renacimiento de la verdadera oración produciría una revolución espiritual.

IX

«Levantad con fe y oración las manos que cuelgan; sostened las rodillas que se tambalean. ¿Tienes días de ayuno y oración? Acudid al trono de la gracia y perseverad en él, y descenderá la misericordia».

Juan Wesley

«Debemos recordar que el objetivo de la oración es el oído de Dios. A menos que eso se obtenga, la oración ha fracasado por completo. Sus expresiones pueden haber encendido sentimientos de devoción en nuestras mentes, el oírla puede haber consolado y fortalecido los corazones de aquellos con quienes hemos orado, pero si la oración no ha ganado el corazón de Dios, ha fracasado en su propósito esencial. Un mero formalista siempre puede orar para complacerse a sí mismo. ¿Qué tiene que hacer sino abrir su libro y leer las palabras prescritas, o doblar la rodilla y repetir las frases que le sugieran su memoria o su imaginación? Como a un molino de orar, no hay más que darle el viento y la rueda, y el asunto está completamente arreglado. Tanto doblar la rodilla y hablar, y la oración está hecha. Las oraciones del formalista son siempre buenas, o, más bien, siempre malas, por igual. Pero el hijo vivo de Dios nunca ofrece una oración que le complazca a él mismo; su estándar está por encima de sus logros; se maravilla de que Dios le oiga, y aunque sabe que será escuchado por causa de Cristo, considera un maravilloso ejemplo de misericordia condescendiente que oraciones tan pobres como las suyas lleguen alguna vez a los oídos del Señor Dios Sabaoth».

C. H. Spurgeon

Puede decirse que ningún santo perezoso ora. ¿Puede haber un santo perezoso? ¿Puede haber un santo sin oración? ¿Acaso orar poco no trunca la corona y el reino de la santidad? ¿Puede haber un soldado cobarde? ¿Puede haber un santo hipócrita? ¿Puede haber un vicio virtuoso? Solo cuando se dan estas posibilidades podemos encontrar un santo sin oración.

Hacer como que se ora es un asunto aburrido, aunque no difícil. Decir oraciones de manera decente y delicada no es un trabajo pesado. Pero orar de verdad, orar hasta que el infierno sienta el pesado golpe, orar hasta que se abran las puertas de hierro de la dificultad, hasta que se eliminen las montañas de obstáculos, hasta que se exhalen las nieblas y se levanten las nubes y brille el sol de un día sin nubes: este es un trabajo duro, pero es el trabajo de Dios y la mejor labor del hombre. Nunca el esfuerzo de la mano, la cabeza y el corazón fue menos en vano que cuando se ora. Es duro esperar y presionar y orar, y no oír ninguna voz, pero hay que permanecer hasta que Dios responda. La alegría de la oración contestada es la alegría de una madre que da a luz a su hijo, la alegría de un esclavo cuyas cadenas se han roto y a quien acaban de llegar la vida y la libertad.

Una vista general de lo que se ha logrado mediante la oración muestra lo que perdimos cuando la dispensación de la oración real fue sustituida por la pretensión farisaica y la farsa; muestra, también, cuán imperiosa es la necesidad de hombres y mujeres santos que se entreguen a la oración ferviente y semejante a la de Cristo.

No es cosa fácil orar. Detrás de la oración deben estar todas sus condiciones. Estas condiciones son posibles, pero no pueden ser aprovechadas en apenas un momento por quien no ora. Siempre pueden estar presentes para el fiel y el santo, pero no pueden existir en un espíritu frívolo, negligente y rezagado, ni ser satisfechas por él. La oración no es algo aislado. No es un acto aislado. La oración está en estrecha relación con todos los deberes de una piedad ardiente. Es la emisión de un carácter que se compone de los elementos de una fe vigorosa y dominante. La oración honra a Dios, reconoce Su ser, exalta Su poder, adora Su providencia, asegura Su ayuda. Un medio racionalismo burlón clama contra la devoción, que no hace más que orar. Pero orar bien es hacer todas las cosas bien. Si es verdad que la devoción no hace nada más que orar, entonces no hace nada en absoluto. No hacer nada más que orar no es hacer la oración, porque las condiciones precedentes, coincidentes y subsiguientes de la oración no son más que la suma de todas las fuerzas energizadas de una piedad práctica y operante.

Las posibilidades de la oración corren paralelas a las promesas de Dios. La oración abre una salida para las promesas, elimina los obstáculos en el camino de su ejecución, las pone en práctica y asegura sus fines de gracia. Más que esto, la oración, como la fe, obtiene promesas, amplía su operación y añade a la medida de sus resultados. Las promesas de Dios fueron hechas a Abraham y a su descendencia, pero muchos vientres estériles y muchos obstáculos menores se interpusieron en el camino del cumplimiento de estas promesas. Sin embargo, la oración los eliminó todos, hizo una carretera para las promesas, añadió facilidad y rapidez a su realización y por la oración la promesa brilló refulgente y perfecta en su ejecución.

Las posibilidades de la oración se encuentran en que se alía con los propósitos de Dios, pues los propósitos de Dios y la oración del hombre son la combinación de todas las fuerzas potentes y omnipotentes. Más que esto, las posibilidades de la oración se ven en el hecho de que cambia los propósitos de Dios. Está en la naturaleza misma de la oración suplicar y dar instrucciones. La oración no es una negación. Es una fuerza positiva. Nunca se rebela contra la voluntad de Dios, nunca entra en conflicto con esa voluntad, pero es evidente que busca cambiar el propósito de Dios. Cristo dijo: «La copa que mi Padre me ha dado, no la beberé», y sin embargo había orado esa misma noche: «Si es posible, pase de mí esta copa». Pablo trató de cambiar los propósitos de Dios acerca de la espina en su carne. Los propósitos de Dios estaban fijados para destruir a Israel y la oración de Moisés cambió los propósitos de Dios y salvó a Israel. En el tiempo de los Jueces, Israel era apóstata y estaba muy oprimido. Se arrepintieron y clamaron a Dios y Él dijo: «Me habéis abandonado y servido a dioses ajenos, por lo cual no os libraré más»; pero humillaron, abandonaron sus dioses extraños, y «el alma de Dios se entristeció por la miseria de Israel», y les envió la liberación por medio de Jefté.

Dios envió a Isaías a decir a Ezequías: «Ordena tu casa, porque morirás y no vivirás». Ezequías oró y Dios envió a Isaías a decir: «He oído tu oración, he visto tus lágrimas; he aquí que añadiré a tus días quince años». «Todavía cuarenta días y Nínive será destruida», fue el mensaje de Dios por Jonás. Pero Nínive clamó poderosamente a Dios, y «Dios se arrepintió del mal que había dicho que haría, y no lo hizo».

Las posibilidades de la oración se ven por las diversas condiciones que alcanza y los diversos fines que asegura. Elías oró sobre un niño muerto, y este volvió a la vida; Eliseo hizo lo mismo; Cristo oró junto a la tumba de Lázaro, y Lázaro salió. Pedro se arrodilló y oró junto a Dorcas muerta, y ella abrió los ojos y se incorporó, y Pedro la presentó viva a la angustiada compañía. Pablo oró por Publio, y lo sanó. La oración de Jacob transformó el odio asesino de Esaú en los besos del más tierno abrazo fraternal. Dios dio a Rebeca a Jacob y a Esaú porque Isaac oró por ella. José fue el hijo de las oraciones de Raquel. Las oraciones de Ana dieron a Samuel a Israel. Juan el Bautista fue dado a Isabel, estéril y pasada de edad como era, en respuesta a la oración de Zacarías. La oración de Eliseo trajo hambre o cosecha a Israel; como él oró así fue. La oración de Esdras llevó el Espíritu de Dios en una convicción desgarradora a toda la ciudad de Jerusalén, y la llevó en lágrimas de arrepentimiento de vuelta a Dios. La oración de Isaías hizo retroceder diez grados la sombra del sol en el reloj de Acaz.

En respuesta a la oración de Ezequías, un ángel mató en una noche a ciento ochenta y cinco mil soldados del ejército de Senaquerib. La oración de Daniel le abrió la visión de la profecía, ayudó a administrar los asuntos de un reino poderoso y envió un ángel para cerrar la boca de los leones. El ángel fue enviado a Cornelio y el Evangelio se abrió a través de él al mundo gentil, porque sus «oraciones y limosnas habían subido como memorial ante Dios». «¿Y qué más diré? porque el tiempo me faltaría para contar de Gedeón, y de Barac, y de Sansón, y de Jefté; de David también, y de Samuel, y de los profetas»; de Pablo y Pedro, y Juan y los Apóstoles, y la santa compañía de santos, reformadores y mártires, quienes, mediante la oración, «sometieron reinos, hicieron justicia, obtuvieron promesas, taparon bocas de leones, apagaron la violencia del fuego, escaparon del filo de la espada, de la debilidad se hicieron fuertes, se hicieron valientes en la lucha, pusieron en fuga a los ejércitos de extranjeros».

La oración pone a Dios en el asunto con fuerza de mando: «Preguntadme por lo que ha de venir a mis hijos y por la obra de mis manos», dice Dios. Se nos ordena en la Palabra de Dios «orar siempre», «en todo por la oración», «perseverar al instante en la oración», «orar en todo lugar», «orar siempre». La promesa es tan ilimitada como amplio es el mandato. «Todo lo que pidiereis en oración, creyendo, lo recibiréis», «todo lo que pidiereis», «si pidiereis algo». «Pediréis lo que queráis y será hecho». «Todo lo que pidiereis al Padre, Él lo dará». Si hay algo que no está incluido en «Todo que pidiereis», o que no se encuentra en la frase «Pedid cualquier cosa», entonces estas cosas pueden quedar fuera de la oración. El lenguaje no podría abarcar una gama más amplia ni implicar más plenamente todas las *minucias*. Estas afirmaciones no son más que muestras de las posibilidades omnicomprensivas de la oración bajo las promesas de Dios a aquellos que cumplen las condiciones de una oración correcta.

Estos pasajes, sin embargo, no dan más que un esbozo general de las inmensas regiones sobre las que la oración extiende su dominio. Más allá de ellas, los efectos de la oración alcanzan y aseguran el bien de regiones que no pueden ser recorridas por el lenguaje o el pensamiento. Pablo agotó el lenguaje y el pensamiento al orar, pero consciente de las necesidades no cubiertas y de los reinos del bien no alcanzados, cubre estas regiones impenetrables y no descubiertas con esta súplica general: «A Aquel que es poderoso para hacer todas las cosas mucho más abundantemente de lo que pedimos o entendemos, según el poder que actúa en nosotros». La promesa es: «Llámame y yo te responderé y te mostraré cosas grandes y ocultas que tú no conoces».

Santiago declara que «la oración eficaz y ferviente del justo puede mucho». Cuánto no pudo decir, pero lo ilustra con el poder de la oración del Antiguo Testamento para estimular a los santos del Nuevo Testamento a imitar por el fervor y la influencia de su oración a los santos hombres de la antigüedad, y duplicar y superar el poder de su oración. Elías, dice, era un hombre sujeto a pasiones semejantes a las nuestras, y oró fervientemente para que no lloviera; y no llovió sobre la tierra por espacio de tres años y seis meses. Y oró de nuevo y el cielo dio lluvia y la tierra produjo su fruto.

En el Apocalipsis de Juan, todo el orden inferior de la creación de Dios y su gobierno providencial, la Iglesia y el mundo angélico, están en actitud de esperar la eficacia de las oraciones de los santos de la tierra para llevar adelante los diversos intereses de la tierra y del cielo. El ángel toma el fuego encendido por la oración y lo arroja hacia la tierra, «y hubo voces, truenos, relámpagos y un terremoto». La oración es la fuerza que crea todas estas alarmas, agitaciones y conmociones. «Pídeme», dice Dios a Su Hijo, y a la Iglesia de Su Hijo, «y te daré por herencia las naciones y por posesión tuya los confines de la tierra».

Los hombres que han hecho cosas poderosas para Dios siempre han sido poderosos en la oración, han comprendido bien las posibilidades de la oración y las han aprovechado al máximo. El Hijo de Dios, el primero de todos y el más poderoso de todos, nos ha mostrado las posibilidades omnipotentes y de gran alcance de la oración. Pablo era poderoso para Dios porque sabía cómo usar, y cómo hacer que otros usaran, las poderosas fuerzas de la oración.

Los serafines, ardientes, insomnes, adoradores, son la figura de la oración. Son resistentes en su ardor, devotos e incansables. Hay obstáculos a la oración que solo una llama pura e intensa puede superar. Hay fatigas, esfuerzos y resistencias que solo la llama más fuerte y ardiente puede superar. La oración puede ser de lengua pobre, pero no de lengua fría. Sus palabras pueden ser pocas, pero deben estar encendidas. Sus sentimientos pueden no ser impetuosos, pero deben ser blancos de calor. Es la oración eficaz y ferviente la que influye en Dios.

La casa de Dios es la casa de la oración; la obra de Dios es la obra de la oración. Es el celo por la casa de Dios y el celo por la obra de Dios lo que hace que la casa de Dios sea gloriosa y que su obra permanezca.

Cuando las cámaras de oración de los santos se cierran o se entra en ellas con indiferencia o frialdad, entonces los gobernantes de la Iglesia son seculares, carnales, materializados; el carácter espiritual se hunde a un nivel bajo y el ministerio se restringe y debilita.

Cuando la oración cae, el mundo prevalece. Cuando la oración falla, la Iglesia pierde sus características divinas, su poder divino; la Iglesia es devorada por un eclesiasticismo orgulloso y el mundo se burla de su evidente impotencia.

X

«Considero que los cuatro Evangelios son totalmente auténticos, porque en ellos se refleja una grandeza que emanaba de la persona de Jesús y que era del tipo más divino que jamás se haya visto en la tierra».

Goethe

No hay posibilidades, no hay necesidad de orar sin devoción, de montar una actuación sin corazón, una rutina sin sentido, un hábito muerto, una actuación apresurada y descuidada; no justifica nada. La oración sin oración no tiene vida, no da vida, está muerta, exhala muerte. No es un hacha de guerra, sino un juguete de niños, para jugar, no para servir. La oración sin oración no tiene la importancia y los objetivos de un acto recreativo. La oración sin devoción es solo un peso, un impedimento en la hora de la lucha, del conflicto intenso, una llamada a la retirada en el momento de la batalla y la victoria.

¿Por qué no oramos? ¿Cuáles son los obstáculos a la oración? Esta no es una pregunta curiosa ni trivial. No solo se refiere a la cuestión de nuestra oración, sino a toda la cuestión de nuestra religión. La religión está destinada a decaer cuando se obstaculiza la oración. Lo que obstaculiza la oración obstaculiza la religión. Quien está demasiado ocupado para orar estará demasiado ocupado para vivir una vida santa.

Otros deberes se vuelven apremiantes y absorbentes y desplazan a la oración. Ahogado hasta la muerte, sería el veredicto del forense en muchos casos de orantes muertos, si se pudiera conseguir una investigación sobre esta terrible calamidad espiritual. Esta manera de obstaculizar la oración se vuelve tan natural, tan fácil, tan inocente, que nos llega a todos sin darnos cuenta. Si permitimos que se nos impida orar, siempre sucederá lo mismo. Satanás preferiría que dejáramos crecer la hierba en el camino a nuestra cámara de oración que cualquier otra cosa. Una vida de oración dosificada significa la quiebra religiosa o, lo que es peor, convertirla en una obligación y llevar a cabo nuestra religión en algún otro nombre que no sea el de Dios y para la gloria de alguien más. La gloria de Dios solo se asegura en el negocio de la religión llevando esa religión con un gran capital de oración. Así lo entendieron los apóstoles cuando declararon que su tiempo no debía emplearse ni siquiera en los sagrados deberes de dar limosna; debían entregarse, decían, «continuamente a la oración y al ministerio de la Palabra», poniendo la oración en primer lugar y dándole al ministerio de la Palabra su eficacia y vida a partir de la oración.

El proceso de entorpecer la oración mediante la aglomeración es sencillo y avanza por etapas. Primero, se apresura la oración. Aparecen el desasosiego y la agitación, fatales para todos los ejercicios devotos. Luego se acorta el tiempo, se pierde el gusto por el ejercicio. Luego se apiña en un rincón y depende de fragmentos de tiempo para su ejercicio. Su valor se deprecia. El deber ha perdido su importancia. Ya no inspira respeto ni reporta beneficios. Ha caído fuera de la estimación, del corazón, de los hábitos, de la vida. Dejamos de orar y dejamos de vivir espiritualmente.

No hay otro remedio contra los torrentes desoladores de la mundanalidad, los problemas y las preocupaciones que la oración. Cristo quiso decir esto cuando nos encomendó velar y orar.

No hay equipo pionero para el Evangelio sino la oración. Pablo lo sabía cuando declaró que «noche y día oraba mucho para que pudiéramos ver tu rostro y perfeccionar lo que falta a vuestra fe». No se llega a un alto estado de gracia sin orar mucho y no se permanece en esas alturas sin orar mucho. Epafras lo sabía cuando «trabajaba fervientemente en oraciones» por la Iglesia Colosense, «para que estuviesen firmes, perfectos y completos en toda la voluntad de Dios».

La única manera de evitar que nuestra oración se vea obstaculizada es estimar la oración en su verdadero y gran valor. Valórala como lo hizo Daniel, quien, cuando «supo que la escritura estaba firmada, entró en su casa, y abiertas sus ventanas a Jerusalén, se arrodillaba tres veces al día y oraba y daba gracias delante de su Dios como lo hacía antes». Coloca la oración en valores altos como Daniel lo hizo, por encima del lugar, el honor, la facilidad, la riqueza, la vida. Adopta hábitos de oración como lo hizo Daniel. «Como lo hacía antes», sugiere firmeza y fidelidad en la hora de la prueba; eliminar los obstáculos y dominar las circunstancias opuestas.

Uno de los trucos más astutos de Satanás es destruir lo mejor por lo bueno. Los negocios y otros deberes son buenos, pero estamos tan llenos de ellos que desplazan y destruyen lo mejor. La oración sostiene la ciudadela para Dios y si Satanás puede debilitar la oración por cualquier medio, gana hasta entonces, y cuando la oración muere, la ciudadela es tomada. Debemos guardar la oración como el centinela fiel, con vigilancia insomne. No debemos mantenerla medio muerta de hambre y débil como un bebé, sino que debemos mantenerla con una fuerza gigantesca. Nuestra cámara de oración debe tener nuestra fuerza más fresca, nuestro tiempo más tranquilo, sus horas sin trabas, sin intrusiones, sin prisas. Un lugar privado y mucho tiempo son la vida de oración. «Arrodillarnos tres veces al día y orar y dar gracias delante de Dios como lo hacíamos antes», es el corazón y el alma de la religión y hace a los hombres, como Daniel, de «espíritu excelente», «muy amados en el cielo».

La grandeza de la oración, que implica a todo el hombre, en su forma más intensa, no se logra sin disciplina espiritual. Esto hace que sea un trabajo duro, y ante este esfuerzo exigente y agotador nuestra pereza espiritual o debilidad se avergüenza.

La sencillez de la oración, sus elementos infantiles, constituyen un gran obstáculo para la verdadera oración. El intelecto se interpone en el camino del corazón. Solo el espíritu infantil es el espíritu de la oración. No es una ocupación festiva hacer que el hombre vuelva a ser un niño. En la canción, en la poesía, en la memoria puede desear volver a ser un niño, pero en la oración debe volver a ser un niño en la realidad. En las rodillas de su madre, sin arte, dulce, intenso, directo, confiado. Sin sombra de duda, sin temperamento contra el que luchar. Un deseo que quema y consume que solo puede expresarse con un grito. No es fácil tener este espíritu de oración de la vida infantil.

Si orar fuera solo una hora a solas, las dificultades se enfrentarían y obstaculizarían incluso esa hora, pero orar es pasar toda la vida preparándose para la intimidad espiritual. ¡Qué difícil es cubrir el hogar y los negocios, todos los dulces y toda la amargura de la vida, con la santa atmósfera de la oración íntima! Una vida santa es la única preparación para la oración. Es tan difícil orar como llevar una vida santa. En esto encontramos un muro de exclusión construido alrededor de nuestras cámaras de oración; los hombres no aman la oración santa, porque no aman ni quieren vivir santamente. Montgomery expone las dificultades de la verdadera oración cuando declara su sublimidad y simplicidad.

> La oración es la forma más simple de hablar
> Que los labios infantiles pueden intentar.
> La oración es el más sublime de los acordes
> que llegan a la Majestad en lo alto.

Esto no es solo buena poesía, sino una profunda verdad en cuanto a la sublimidad y sencillez de la oración. Hay grandes dificultades para alcanzar los elevados y angélicos acordes de la oración. La dificultad de descender a la sencillez de los labios infantiles no es mucho menor.

La oración en el Antiguo Testamento se llama lucha. Se trata de un conflicto y una habilidad, de un esfuerzo intenso y exhaustivo. En el Nuevo Testamento tenemos los términos esforzarse, trabajar fervientemente, ferviente, eficaz, agonía, todos indicando un intenso esfuerzo y dificultades superadas. Nosotros, en nuestras alabanzas cantamos:

«Qué diversos obstáculos encontramos
al acercarnos al trono de la misericordia».

También hemos aprendido que los benéficos resultados obtenidos por la oración son generalmente proporcionales al esfuerzo que se hace para eliminar los obstáculos que obstruyen la elevada comunión de nuestra alma con Dios.

Cristo dijo una parábola con este fin, para que los hombres oren siempre y no desmayen. La parábola de la viuda importuna enseña las dificultades de la oración, el modo de superarlas y los felices resultados que se derivan de una oración valerosa. Las dificultades siempre obstruirán el camino hacia la cámara de oración mientras siga siendo verdad lo siguiente:

«Que Satanás tiembla cuando ve
Al santo más débil de rodillas».

La fe valiente se hace más fuerte y más pura dominando las dificultades. Estas dificultades no hacen más que dirigir el ojo de la fe hacia el glorioso premio que ha de ganar el luchador que triunfa en la oración. Los hombres no deben desmayar en el concurso de la oración, sino que deben entregarse a esta elevada y santa obra, desafiando las dificultades del camino, y experimentar más que la felicidad de un ángel en los resultados. Lutero dijo: «Haber orado bien es haber estudiado bien». Más que eso, haber orado bien es haber luchado bien. Orar bien es vivir bien. Orar bien es morir bien.

La oración es un don raro, no un don popular y fácil. La oración no es el fruto de talentos naturales; es el producto de la fe, de la santidad, de un carácter profundamente espiritual. Los hombres aprenden a orar como aprenden a amar. La perfección en la sencillez, en la humildad y en la fe son sus ingredientes principales. Los novicios en estas gracias no son adeptos a la oración. No puede ser aprovechada por manos inexpertas; solo los graduados en la más alta escuela de arte del cielo pueden tocar sus teclas más finas, elevar sus notas más dulces y más altas. Se requiere un material fino, un acabado libre. Se requieren maestros obreros, pues los simples oficiales no pueden ejecutar la obra de la oración.

El espíritu de oración debe gobernar nuestros espíritus y nuestra conducta. El espíritu que llevamos a la cámara de oración debe controlar nuestras vidas o la hora de oración será aburrida e insípida. Orar siempre en espíritu; actuar siempre en el espíritu de la oración; esto hace que nuestra oración sea fuerte. El espíritu de cada momento es lo que imparte fuerza a la comunión en la oración a solas. Lo que somos fuera de la cámara de oración es lo que da la victoria o trae la derrota dentro de la cámara misma. Si el espíritu del mundo prevalece en nuestras horas fuera de la oración, el espíritu del mundo prevalecerá en nuestras horas orantes, y eso será una farsa vana y ociosa.

Debemos vivir para Dios fuera de la cámara de oración si queremos encontrarnos con Dios en ella. Debemos bendecir a Dios con nuestras vidas si queremos tener la bendición de Dios en la cámara. Debemos hacer la voluntad de Dios en nuestras vidas si queremos tener el oído de Dios en la oración. Debemos escuchar la voz de Dios en público si queremos que Dios oiga nuestra voz en privado. Dios debe tener nuestros corazones fuera de la cámara de oración, si queremos tener la presencia de Dios en ella. Si queremos tener a Dios en la cámara, Dios debe tenernos a nosotros fuera de ella. No hay manera de orar a Dios, sino viviendo para Dios. La cámara de oración no es un confesionario simplemente, sino la hora de la santa comunión y de la alta y dulce relación y de la intensa intercesión.

Los hombres orarían mejor si vivieran mejor. Obtendrían más de Dios si vivieran más obedientes y agradaran más a Dios. Tendríamos más fuerza y tiempo para la obra divina de intercesión si no tuviéramos que gastar tanta fuerza y tiempo ajustando viejas cuentas y pagando nuestros impuestos atrasados. Nuestros pasivos espirituales son tan superiores a nuestros activos espirituales que nuestro tiempo en la cámara se gasta en sacar un decreto de bancarrota en lugar de ser el tiempo de gran riqueza espiritual para nosotros y para los demás. Nuestras cámaras de oración se parecen demasiado al letrero que dice «Cerrado por reparaciones».

Juan dijo de la oración cristiana primitiva: «Todo lo que pedimos lo recibimos de Él, porque guardamos sus mandamientos y hacemos las cosas que son agradables ante Él». Debemos notar qué ilimitadas áreas fueron cubiertas, qué ilimitados dones fueron recibidos por su fuerte oración. Cuán amplio era el alcance y la recepción de la oración poderosa; cuán sugestivas las razones de la capacidad de orar y de que las oraciones fueran contestadas. Obediencia, pero más que mera obediencia, hacer bien las cosas que agradan a Dios. Iban a la oración fortalecidos por su estricta obediencia y amorosa fidelidad a Dios en su conducta. Sus vidas no solo eran verdaderas y obedientes, sino que pensaban en cosas por encima de la obediencia, buscando y haciendo cosas para alegrar a Dios. Estos pueden venir con paso ansioso y semblante radiante a encontrarse con su Padre en la cámara de oración, no simplemente para ser perdonados, sino para ser aprobados y recibir.

Hay mucha diferencia si acudimos a Dios como criminales o como niños; para que nos perdone o para que nos apruebe; para ajustar cuentas o para que nos abrace; para que nos castigue o para que nos favorezca. Nuestra oración para ser fuertes debe estar respaldada por una vida santa. El nombre de Cristo debe ser honrado por nuestra vida antes de que pueda honrar nuestras intercesiones. La vida de fe perfecciona la oración de fe.

Nuestra vida no solo da color a nuestra oración, sino que le da cuerpo. Vivir mal hace orar mal. Oramos débilmente porque vivimos débilmente. La fuerza de la oración se compone de la energía que fluye de las corrientes confluentes de la vida. La debilidad del vivir arroja su debilidad a la cámara de oración. No podemos hablar a Dios con fuerza cuando no hemos vivido para Dios con fuerza. La oración no puede ser santa para Dios cuando la vida no ha sido santa para Dios. La Palabra de Dios hace hincapié en nuestra conducta como algo que da valor a nuestra oración. «Entonces invocarás y el Señor responderá; clamarás y dirá: Heme aquí, si quitares de en medio de ti el yugo, el extender el dedo y hablar vanidad».

Los hombres han de orar «levantando manos santas, sin ira y sin dudar». Hemos de pasar el tiempo de nuestra estancia aquí con temor si queremos invocar al Padre. No podemos divorciar la oración de la conducta. «Todo lo que pedimos lo recibimos de Él, porque guardamos sus mandamientos y hacemos las cosas que son agradables ante Él». «Pedís y no recibís, porque pedís mal para consumirlo en vuestras concupiscencias». El mandato de Cristo —«Velad y orad»— es para cubrir y guardar la conducta, para que lleguemos a nuestras cámaras de oración con toda la fuerza asegurada por una guardia vigilante sobre nuestras vidas.

Nuestra religión se rompe más a menudo y más tristemente en nuestra conducta. Hermosas teorías son estropeadas por feas vidas. Lo más difícil y lo más impresionante de la piedad es vivirla. Nuestra oración sufre tanto como nuestra religión por una mala vida. En los tiempos primitivos, los predicadores debían predicar con su vida o no predicar. Así, a los cristianos de todo el mundo se les debe pedir que recen con su vida o que no recen en absoluto. Por supuesto, la oración de arrepentimiento es aceptable. Pero el arrepentimiento significa dejar de hacer el mal y aprender a hacer el bien. Un arrepentimiento que no produce un cambio en la conducta es una farsa. La oración que no produce una conducta pura es un engaño. Hemos perdido todo el oficio y la virtud de orar si no se rectifica la conducta. Está en la naturaleza misma de las cosas que debemos dejar de orar o abandonar la mala conducta. La oración fría y muerta puede existir con la mala conducta, pero la oración fría y muerta no es oración en la estima de Dios. Nuestra oración avanza en poder a medida que rectifica la vida. Una vida que crece en su pureza y devoción será una vida más orante.

Es una lástima que muchas de nuestras oraciones carezcan de objeto o finalidad. No tienen propósito. Cuántas oraciones hay de hombres y mujeres que nunca permanecen en Cristo: oraciones apresuradas, oraciones dulces llenas de sentimientos, oraciones agradables, pero no respaldadas por una vida unida a Cristo. Oración popular. ¡Cuánta de esta oración proviene de corazones no santificados y labios no consagrados! Las oraciones surgen bajo la influencia de alguna gran excitación, de alguna emergencia apremiante, de algún clamor popular, de algún gran peligro. Pero las condiciones de la oración no están allí. Nos precipitamos a la presencia de Dios y tratamos de vincularlo a nuestra causa, de encenderlo con nuestras pasiones, de conmoverlo con nuestro peligro. Hay que orar por todas las cosas, pero con las manos limpias, con absoluta deferencia a la voluntad de Dios y permaneciendo en Cristo. La oración sin devoción, hecha por labios y corazones no entrenados para la oración, por vidas fuera de armonía con Jesucristo; la oración sin oración, que tiene la forma y el movimiento de la oración pero carece del verdadero corazón de la oración, nunca mueve a Dios a una respuesta. Es de tal oración que Santiago dice: «No tenéis porque no pedís; pedís y no recibís, porque pedís mal».

Los dos grandes males: no pedir y pedir mal. Tal vez el mayor mal sea pedir mal, porque tiene la apariencia del deber cumplido, de orar cuando no se ha orado: un engaño, un fraude, una farsa. Los tiempos de más oración no son realmente los tiempos de mejor oración. Los fariseos oraban mucho, pero estaban movidos por la vanidad; sus oraciones eran el símbolo de su hipocresía, por la cual convirtieron la casa de oración de Dios en una cueva de ladrones. Lo suyo era orar en ocasiones de estado: mecánico, superficial, profesional, hermoso en palabras, fragante en sentimiento, bien ordenado, bien recibido por los oídos que escuchaban, pero completamente desprovisto de todo elemento de verdadera oración.

Las condiciones de la oración están bien ordenadas y claras: permanecer en Cristo; en Su nombre. Una de las primeras necesidades, si queremos captar las infinitas posibilidades de la oración, es deshacernos de la oración sin devoción. A menudo es hermosa en sus palabras y en su ejecución; tiene el ropaje de la oración en forma rica y costosa, pero carece del alma de la oración. Caemos tan fácilmente en el hábito del servicio sin oración, del mero cumplimiento de un programa.

¡Si los hombres oraran en todas las ocasiones y en todos los lugares por los que pasan! ¡Si solo hubiera corazones santamente inflamados detrás de todas estas bellas palabras y graciosas formas! ¡Si hubiera siempre corazones elevados en estos hombres erguidos que pronuncian palabras impecables pero vanas ante Dios! ¡Si hubiera siempre corazones reverentes doblados cuando las rodillas dobladas están pronunciando palabras ante Dios para complacer los oídos de los hombres!

No hay nada que conserve la vida de oración, su vigor, dulzura, obligaciones, seriedad y valor, tanto como una profunda convicción de que la oración es un acercamiento a Dios, una súplica a Dios, una petición a Dios. La realidad estará entonces en ella; la reverencia estará entonces en la actitud, en el lugar y en el aire. La fe atraerá, encenderá y abrirá. La formalidad y la muerte no pueden vivir en este alto y serio hogar del alma.

La oración sin oración carece del elemento esencial de la verdadera oración; no se basa en el deseo y está desprovista de seriedad y fe. El deseo carga el carro de la oración y la fe impulsa sus ruedas. La oración sin devoción no tiene carga, porque no tiene sentido de la necesidad; no tiene ardor, porque no tiene la visión, la fuerza o el brillo de la fe. No hay presión poderosa en la oración, no se aferra a Dios con el agarre desesperado e inmortal: «No te dejaré ir a menos que me bendigas». No hay autoabandono total, perdido en la agonía de una súplica desesperada, pertinaz y consumidora: «Ahora, perdona su pecado; si no, te ruego que me borres de Tu libro»; o «Dame Escocia o me muero». La oración sin devoción no apuesta nada en el asunto, porque no tiene nada que apostar. Viene con las manos vacías, ciertamente, pero son manos apáticas además de vacías. Nunca han aprendido la lección de las manos vacías que se aferran a la cruz. Esta lección para ellos no tiene forma ni gracia.

La oración sin devoción no tiene corazón. La falta de corazón priva a la oración de su realidad y la convierte en un recipiente vacío e inadecuado. El corazón, el alma, la vida deben estar en nuestra oración; los cielos deben sentir la fuerza de nuestro llanto y deben ser llevados a una compasión movida por nuestro estado amargo y necesitado, por una necesidad que nos oprime y que no tiene alivio sino en nuestro clamor a Dios. Eso debe expresar nuestra oración.

Orar por orar no es sincero en el fondo. Nombramos con palabras lo que no queremos de corazón. Nuestras oraciones dan expresión formal a las cosas por las que nuestros corazones no solo no tienen hambre, sino por las que realmente no tienen gusto. Una vez escuchamos a un eminente y santo predicador, ahora en el cielo, dirigirse abrupta y bruscamente a una congregación que acababa de levantarse de la oración, con la pregunta y afirmación: «¿Por qué oraron? Si Dios os agarrara y os sacudiera, y os preguntara por lo que habéis orado, no podríais decirle, ni para salvar vuestra vida, cuál fue la oración que acaba de salir de vuestros labios». Así es siempre; la oración sin devoción no tiene memoria ni corazón. Una mera forma, masa heterogénea, un compuesto insípido, una mezcla hecha para sonar y llenar espacios, pero sin corazón ni objetivo: esa es la oración sin devoción. Una rutina seca, un trabajo monótono, una tarea aburrida y pesada es esta oración sin devoción.

Pero la oración sin devoción es mucho peor que cualquier tarea o trabajo, porque divorcia la oración de la vida; pronuncia sus palabras contra el mundo, pero con el corazón y la vida corre hacia el mundo; ora por la humildad, pero alimenta el orgullo; ora por la abnegación, mientras que complace a la carne. Nada supera en resultados de gracia a la verdadera oración, pero mejor es no orar que orar oraciones sin devoción, porque no son más que pecado, y el peor de los pecados es pecar de rodillas.

El hábito de la oración es un buen hábito, pero orar solo por hábito es muy malo. Este tipo de oración no está condicionada por la orden de Dios ni generada por el poder de Dios. No solo es un desperdicio, una perversión y un engaño, sino además una fuente prolífica de incredulidad. Orar por orar no da resultados. No se llega a Dios, no se ayuda a uno mismo. Es mejor no orar que no obtener resultado alguno de la oración. Mejor para el que ora, mejor para los demás. Los hombres oyen hablar de los prodigiosos resultados que se obtienen con la oración: el incomparable bien prometido en la Palabra de Dios a la oración. Estos mundanos de mirada aguda o tímidos de poca fe observan la gran discrepancia entre los resultados prometidos y los resultados obtenidos, y son llevados necesariamente a dudar de la verdad y del valor de aquello que es tan grande en promesas y tan mísero en resultados. La religión y Dios son deshonrados; la duda y la incredulidad son reforzadas por mucho pedir y nada obtener.

En contraste con esto, qué poderosa fuerza es la oración. La verdadera oración ayuda a Dios y al hombre. El Reino de Dios avanza gracias a ella. El mayor bien viene al hombre por ella. La oración puede hacer todo lo que Dios puede hacer. La pena es que no creemos esto como deberíamos y no lo ponemos a prueba.

XI

«La necesidad más profunda de la Iglesia de hoy no es de nada material o externo, sino que la necesidad más profunda es espiritual. El trabajo sin oración nunca traerá el Reino. Descuidamos orar de la manera prescrita. Rara vez entramos en la cámara y cerramos la puerta para orar. Los intereses del Reino nos apremian y debemos orar. Dar sin orar nunca evangelizará el mundo».

Dr. A. J. Gordon

«El gran tema de la oración, esa necesidad integral de la vida del cristiano, está íntimamente ligado a la plenitud personal del Espíritu Santo. Es "por el Único Espíritu que tenemos acceso al Padre" (Ef. 2:18), y por el mismo Espíritu, habiendo entrado en la cámara de audiencias a través del "camino nuevo y vivo", somos capacitados para orar en la voluntad de Dios».

Ro. 8:15, 26-27; Gál. 4:6; Ef. 6:18; Jud. 20-21

«He aquí el secreto de la oración que prevalece: orar bajo la inspiración directa del Espíritu Santo, cuyas peticiones por nosotros y a través de nosotros están siempre de acuerdo con el propósito divino y, por tanto, seguras de respuesta. "Orar en el Espíritu Santo" no es sino cooperar con la voluntad de Dios y tal oración es siempre victoriosa. Cuántos cristianos hay que no saben orar y que tratan de cultivar en sí mismos el "santo arte de la intercesión" mediante esfuerzos, resoluciones, uniéndose a círculos de oración, etc., y todo ello sin propósito alguno. He aquí para ellos y para todos el único secreto de una verdadera vida de oración: "Sed llenos del Espíritu", que es "el Espíritu de gracia y de súplica"».

Rev. J. Stuart Holden, M.A.

El capítulo anterior concluía con la afirmación de que la oración puede hacer todo lo que Dios puede hacer. Es una afirmación tremenda, pero está confirmada por la historia y la experiencia. Si permanecemos en Cristo —y si lo hacemos, vivimos en obediencia a Su santa voluntad— y nos acercamos a Dios en Su nombre, entonces tenemos ante nosotros los infinitos recursos del tesoro divino.

El hombre que ora de verdad obtiene de Dios muchas cosas que le son negadas al hombre que no ora. El objetivo de toda oración verdadera es conseguir aquello por lo que se ora, como el grito del niño pidiendo pan tiene como fin conseguir pan. Este punto de vista elimina la oración de la esfera de las actuaciones religiosas. La oración no es actuar un papel o una actividad autómata. La oración no es oficial ni formal ni ceremonial, sino directa, sincera, intensa. La oración no es un trabajo religioso por el que hay que pasar, y que sirve porque está bien hecho. La oración es el hijo desvalido y necesitado que clama a la compasión del corazón del Padre y a la generosidad y el poder de la mano del Padre. La respuesta es tan segura como que el corazón del Padre puede ser tocado y la mano del Padre, movida.

El objetivo de pedir es recibir. El objetivo de buscar es encontrar. El objetivo de llamar es despertar la atención y entrar, y esta es la reiterada aseveración de Cristo de que la oración sin duda será contestada; su fin sin duda asegurado. No por un camino indirecto, sino obteniendo lo que se pide.

El valor de la oración no reside en el número de oraciones ni en su longitud, sino que su valor se encuentra en la gran verdad de que tenemos el privilegio, por nuestras relaciones con Dios, de desahogar nuestros deseos y dar a conocer nuestras peticiones a Dios, y de que Él nos aliviará accediendo a nuestras peticiones. El niño pide porque el padre tiene costumbre de conceder las peticiones del niño. Como hijos de Dios necesitamos algo y lo necesitamos mucho, y acudimos a Dios para que nos lo conceda. Ni la Biblia ni el hijo de Dios saben nada de esa declaración medio infiel de que debemos responder a nuestras propias oraciones. Dios responde a la oración. El verdadero cristiano no ora para agitarse, sino que su oración es el deshacerse de sí mismo para aferrarse a Dios. El corazón de la fe no conoce ese escepticismo engañoso que detiene los pasos de la oración y enfría su ardor susurrando que la oración no afecta a Dios.

D. L. Moody solía contar la historia de una niña cuyo padre y madre habían muerto y que fue acogida por otra familia. La primera noche preguntó si podía orar como solía hacerlo. Le respondieron: «¡Oh, sí!». Así que se arrodilló y oró como su madre le había enseñado; y cuando terminó, añadió una pequeña oración propia: «Oh, Dios, haz que esta gente sea tan buena conmigo como lo fueron mi padre y mi madre». Luego hizo una pausa y miró hacia arriba, como si esperara la respuesta, y añadió: «Por supuesto que lo harás». ¡Qué dulcemente sencilla era la fe de aquella niña! Ella esperaba que Dios respondiera y que «hiciera», y «por supuesto» que obtuvo su petición, y ese es el espíritu con el que Dios nos invita a acercarnos a Él.

En contraste con ese incidente está la historia contada del pintoresco líder de clase de Yorkshire, Daniel Quorm, que estaba visitando a un amigo. Una mañana se acercó al amigo y le dijo: «Siento que te hayas llevado una decepción tan grande».

—Pues no —dijo el hombre—, no me he llevado ninguna decepción.

—Sí —dijo Daniel—, esperabas algo notable hoy.

—¿Qué quieres decir? —dijo el amigo.

—Es que oraste para que te mantuvieras dulce y gentil todo el día. Y, por cómo han ido las cosas, veo que te has llevado una gran decepción.

—Oh —dijo el hombre—, pensé que te referías a algo en particular.

La oración es poderosa en sus operaciones y Dios nunca decepciona a los que ponen su confianza en Él. Puede que tengan que esperar mucho tiempo la respuesta y puede que no vivan para verla, pero la oración de fe nunca pierde su objeto.

«Un amigo mío de Cincinnati había predicado su sermón y se había echado hacia atrás en su silla, cuando se sintió impulsado a hacer otro llamamiento», dice el Dr. J. Wilbur Chapman. «Un muchacho al fondo de la iglesia levantó la mano. Mi amigo abandonó el púlpito, se acercó a él y le dijo: "Háblame de ti". El muchacho respondió: "Vivo en Nueva York. Soy un pródigo. He deshonrado el nombre de mi padre y roto el corazón de mi madre. Me escapé y les dije que nunca volvería hasta que me hiciera cristiano o me trajeran muerto a casa". Esa noche salió de Cincinnati una carta que decía a su padre y a su madre que su hijo se había convertido a Dios. Siete días después, en un sobre de bordes negros, llegó una respuesta que decía: "Mi querido muchacho, cuando me llegó la noticia de que habías recibido a Jesús el cielo estaba nublado; tu padre había muerto". Luego, la carta continuaba contando cómo el padre había orado por su hijo pródigo con su último aliento, y concluía: "Esta noche eres cristiano porque tu viejo padre no quiso dejarte marchar"».

Un muchacho de catorce años recibió un encargo de su padre. Sucedió que en ese momento llegó un grupo de chicos y se entretuvo con ellos, de modo que el trabajo quedó sin hacer. Pero el padre volvió a casa aquella tarde y le dijo: «Frank, ¿has hecho el trabajo que te encargué?». «Sí, señor», respondió Frank. Dijo una falsedad, y su padre lo sabía, pero no dijo nada. El niño se preocupó, pero se fue a la cama como de costumbre. A la mañana siguiente su madre dijo: «Tu padre no durmió en toda la noche».

«¿Por qué no durmió?», preguntó Frank.

Su madre dijo: «Se pasó toda la noche orando por ti».

Esto envió la flecha a su corazón. Quedó profundamente convencido de su pecado y no descansó hasta que se reconcilió con Dios. Mucho tiempo después, cuando el muchacho se convirtió en el Obispo Warne, dijo que su decisión por Cristo había venido de la oración de su padre aquella noche. Vio a su padre en su solitaria y triste vigilia orando por su hijo, y eso le rompió el corazón. Dijo: «Nunca podré estarle suficientemente agradecido por aquella oración».

Un evangelista, muy usado por Dios, ha dejado constancia de que comenzó una serie de reuniones en una pequeña iglesia de unos veinte miembros, que estaban muy fríos y muertos, y muy divididos. Dos o tres mujeres mantenían un pequeño grupo de oración. «Yo predicaba y cerraba a las ocho en punto», dice. «No había nadie que hablara u orara. La noche siguiente habló un hombre. A la mañana siguiente, cabalgué seis millas hasta el estudio de un ministro y me arrodillé en oración. Volví y dije a la pequeña iglesia: "Si pueden conseguir lo suficiente para mantenerme, me quedaré hasta que Dios abra las ventanas del cielo. Dios ha prometido bendecir estos medios y creo que lo hará". En diez días, había tantas almas ansiosas que me reuní con ciento cincuenta de ellas a la vez en una reunión de preguntas, mientras los cristianos oraban en otra casa de culto. Varios cientos, creo, se convirtieron. Es seguro creer en Dios».

Una madre pidió al ya desaparecido John B. Gough que visitara a su hijo para ganarlo para Cristo. Gough encontró la mente del muchacho llena de nociones escépticas e impermeable a argumentos. Finalmente, se le pidió al joven que orara, solo una vez, pidiendo luz. Él respondió: «No conozco nada ni nadie perfecto a quien pueda orar». «¿Y el amor de tu madre?», dijo el orador. «¿No es perfecto? ¿No ha estado siempre a tu lado y dispuesta a acogerte y a cuidarte, incluso cuando tu padre te había echado de verdad?». El joven se ahogó de emoción y dijo: «S-sí, señor; así es». «Entonces ruega al Amor: eso te ayudará. ¿Me lo prometes?». Lo prometió. Aquella noche el joven oró en la intimidad de su habitación. Se arrodilló, cerró los ojos y luchando un momento pronunció las palabras: «Oh, Amor». Al instante, como por un relámpago, le vino a la memoria el viejo texto bíblico: «Dios es amor», dijo entrecortadamente: «¡Oh Dios!». Luego, sintió otro relámpago de verdad divina y una voz dijo: «Tanto amó Dios al mundo, que dio a su Hijo unigénito», y allí, al instante, exclamó: «Oh, Cristo, encarnación del amor más divino, muéstrame la luz y la verdad». Todo había terminado. Estaba en la luz de la paz más perfecta. Bajó corriendo las escaleras, añade el narrador de este incidente, y le dijo a su madre que se había salvado. Aquel joven es hoy un elocuente ministro de Jesucristo.

En Hakodate, Japón, amenazaba una sequía. La Srta. Dickerson, de la Escuela Metodista Episcopal de Niñas, vio que el suministro de agua disminuía día a día y en uno de los meses de otoño pidió ayuda a la Junta en Nueva York. No había dinero y no se hizo nada. La señorita Dickerson averiguó el coste de instalar un pozo, pero consideró que el gasto era demasiado como para asumirlo. La noche del 31 de diciembre, cuando el agua estaba casi agotada, los profesores y los alumnos mayores se reunieron para orar por agua, aunque no tenían ni idea de cómo se iba a responder a su oración. Un par de días después se recibió una carta en la oficina de Nueva York que decía más o menos así: «Filadelfia, 1 de enero. Son las seis de la mañana del día de Año Nuevo. Todos los demás miembros de la familia duermen, pero me he despertado con la extraña impresión de que alguien, en algún lugar, necesita dinero que el Señor quiere que yo le proporcione». Adjunto había un cheque por una cantidad que cubría el coste del pozo y la conducción del agua hasta los edificios de la escuela.

«He visto la mano de Dios extendida para sanar entre los paganos con un poder milagroso tan poderoso como en los tiempos apostólicos», dijo una vez un conocido ministro al escritor. «Estaba predicando a dos mil niñas huérfanas por una hambruna, en Kedgaum, India, en la Misión Mukti (*salvación*) de Ramabai. Un enjambre de serpientes tan venenosas y mortíferas como el reptil que hirió a Pablo asaltó repentinamente el recinto amurallado. "Enviadas de Satanás", dijo Ramabai, y las serpientes hirieron a varias de sus más bellas y fieles muchachas cristianas. Dos de ellas recibieron mordidas dos veces. Vi a cuatro de las flores de su rebaño convulsionando a la vez, inconscientes y aparentemente agonizando».

«Ramabai cree en la Biblia con una fe implícita y obediente», continúa el ministro. «Éramos tres misioneros. Ella dijo: "Haremos exactamente lo que dice la Biblia, quiero que ministréis para su curación según Santiago 1:14-18". Nos condujo al dormitorio donde sus hijas yacían con espasmos. Pusimos nuestras manos sobre sus cabezas, oramos y las ungimos con aceite en el nombre del Señor. Todas sanaron tan pronto como fueron ungidas, y se sentaron y cantaron con rostros resplandecientes. Aquel milagro y maravilla entre los paganos confirmó poderosamente la palabra del Señor y fue una profunda y sobrecogedora proclamación de Dios».

Hace algunos años, el registro de una maravillosa obra de gracia en relación con una de las estaciones de la Misión al Interior de China atrajo mucha atención. Tanto el número como el carácter espiritual de los convertidos había sido mucho mayor que en otras estaciones donde la consagración de los misioneros había sido tan grande como el lugar más fructífero.

Esta rica cosecha de almas siguió siendo un misterio hasta que Hudson Taylor, en una visita a Inglaterra, descubrió el secreto. Al final de uno de sus discursos, un caballero se acercó para conocerlo. En la conversación que siguió, el Sr. Taylor se sorprendió del conocimiento exacto que el hombre poseía sobre esta estación del interior de China. «¿Cómo es que está usted tan familiarizado con las condiciones de ese trabajo?», preguntó Taylor. «Oh», respondió el caballero. «El misionero de allí y yo somos antiguos compañeros de universidad. Por años hemos mantenido correspondencia regular; él me ha enviado nombres de solicitantes y conversos, y yo los he llevado diariamente a Dios en oración».

¡Por fin se encontró el secreto! Un hombre que ora en casa, que ora definitivamente, que ora diariamente, por casos específicos entre los paganos. Ese es el verdadero misionero intercesor.

El propio Hudson Taylor, como todo el mundo sabe, era un hombre que sabía orar y cuyas oraciones fueron bendecidas con respuestas fructíferas. En la historia de su vida, contada por el Dr. Howard Taylor y su esposa, encontramos página tras página resplandecientes ejemplos de oraciones contestadas. En su viaje a China por primera vez, en 1853, cuando solo tenía veintiún años de edad, tuvo una respuesta definitiva a la oración que fue un gran estímulo para su fe. «Acababan de atravesar el estrecho de Dampier, pero aún no habían perdido de vista las islas. Por lo general, se levantaba una brisa después de la puesta del sol que duraba hasta el amanecer. La aprovechaban al máximo, pero durante el día permanecían inmóviles con las velas agitadas, a menudo a la deriva y perdiendo buena parte de la ventaja obtenida por la noche». La historia continúa con las propias palabras de Hudson Taylor:

«Esto sucedió notablemente en una ocasión en que nos encontrábamos en peligrosa proximidad al norte de Nueva Guinea. El sábado por la noche habíamos llegado a un punto situado a unas treinta millas de tierra, y durante el servicio del domingo por la mañana, que se celebró en cubierta, no pude dejar de ver que el capitán parecía preocupado y se acercaba con frecuencia al costado del barco. Cuando terminó el servicio, me enteré por él de la causa. Una corriente de cuatro nudos nos llevaba hacia unos arrecifes hundidos y estábamos ya tan cerca que parecía improbable que pudiéramos pasar la tarde a salvo. Después de cenar, salimos con el bote largo y todos los tripulantes se esforzaron, sin éxito, por alejar el barco de la costa. Después de permanecer juntos en la cubierta durante algún tiempo en silencio, el capitán me dijo:

—Bueno, hemos hecho todo lo que se podía hacer. Solo nos queda esperar el resultado.

Se me ocurrió una idea y le contesté:

—No, hay una cosa que aún no hemos hecho.

—¿Qué es? —me preguntó.

—Cuatro de nosotros a bordo somos cristianos. Retirémonos cada uno a su camarote, y en oración concertada pidamos al Señor que nos dé inmediatamente una brisa. Puede enviárnosla tan fácilmente ahora como al atardecer.

El capitán accedió a esta propuesta. Fui a hablar con los otros dos hombres y, después de orar con el carpintero, nos retiramos los cuatro a esperar en Dios. Tuve un buen rato de oración, pero muy breve, y luego me sentí tan satisfecho de que se nos concediera nuestra petición que no pude seguir pidiendo, y muy pronto subí de nuevo a cubierta. El primer oficial, un hombre impío, estaba al mando. Me acerqué a él y le pedí que arriara las escotas o esquinas de la vela mayor, que habían sido izadas para disminuir el inútil aleteo de la vela contra la jarcia.

—¿De qué serviría eso? —respondió bruscamente.

Le dije que habíamos estado pidiendo un viento de Dios; que iba a venir inmediatamente; y estábamos tan cerca del arrecife que no había un minuto que perder.

Con un juramento y una mirada de desprecio, dijo que prefería ver un viento antes que oír hablar de él. Pero mientras hablaba observé su ojo, siguiéndolo hasta el mástil, y allí, la esquina de la vela más alta empezaba a temblar con la brisa.

—¿No ves que viene el viento? ¡Mira el mástil! —exclamé.

—No, es solo una simple ráfaga de viento —replicó él.

—Ráfaga o no, por favor, arriad la vela mayor y dadnos el beneficio —grité.

No tardó en hacerlo. Al cabo de un minuto, los pasos de los hombres en cubierta hicieron salir al capitán de su camarote para ver qué ocurría. La brisa había llegado. En pocos minutos nos abrimos paso a seis o siete nudos por hora a través del agua… y aunque el viento era a veces inestable, no lo perdimos del todo hasta después de pasar las islas Pelew.

—A esto me animó Dios antes de desembarcar en las costas de China, a llevarle toda variedad de necesidades en oración, y a esperar que Él honrara el nombre del Señor Jesús y me diera la ayuda que cada emergencia requería —añadió este santo orante».

En un discurso pronunciado en Cambridge hace algún tiempo (recogido en *The Life of Faith*, 3 de abril de 1912), el señor D. Gordon contó a su manera inimitable la historia de un hombre en su propio país, para ilustrar a partir de la vida real la realidad de la oración y que esta no es mera palabrería.

«Este hombre», dijo el señor Gordon, «procedía de una antigua familia de Nueva Inglaterra, de origen inglés. Era un gigante en tamaño, y un hombre agudo mentalmente, formado en la universidad. Se había ido a vivir al Oeste y representaba a un distrito prominente en nuestra Cámara del Congreso, que responde a vuestra Cámara de los Comunes. Allí fue un líder destacado. Fue criado en una familia cristiana, pero era escéptico y solía dar conferencias contra el cristianismo. Me dijo que era aficionado, en sus conferencias, a demostrar, como él pensaba, de manera concluyente, que no había Dios. Hasta ahí llegaba su infidelidad.

»Un día me contó que estaba sentado en la Cámara Baja del Congreso. Era el momento de una elección presidencial, y los sentimientos partidistas estaban a flor de piel. Uno habría pensado que ese era el último lugar donde un hombre podría pensar en cosas espirituales. Dijo: "Estaba sentado en mi escaño en aquella Cámara abarrotada y en aquel ambiente caldeado, cuando tuve la sensación de que Dios, cuya existencia creía poder refutar con éxito, estaba allí encima de mí, mirándome, disgustado conmigo y con mi forma de actuar. Me dije: 'Esto es ridículo, supongo que he estado trabajando demasiado. Iré por una buena comida y daré un largo paseo y me sacudiré, a ver si así se me quita esta sensación'". Consiguió su comida extra, dio un paseo y volvió a su asiento, pero no se le quitaba la impresión de que Dios estaba allí disgustado con él. Salió a pasear, día tras día, pero nunca pudo quitarse esa sensación de encima. Entonces regresó a su circunscripción en su estado, dijo, para arreglar los asuntos allí. Tenía la ambición de ser gobernador estatal, y su partido era el partido dominante allí. En la medida en que tales cosas podían juzgarse, estaba en la línea para convertirse en gobernador de uno de los estados más dominantes de nuestro Centro Oeste. Dijo: "Me fui a casa para arreglar el asunto y en la medida de lo posible prepararme para ello. Pero apenas había llegado a casa e intercambiado saludos, cuando mi esposa, que era una ferviente cristiana, me dijo que algunos de ellos habían hecho un pequeño pacto de oración para que yo me convirtiera al cristianismo". Él no quería que ella supiera la experiencia por la que acababa de pasar, así que le dijo lo más despreocupadamente que pudo: "¿Cuándo empezó esto de orar?". Ella dijo la fecha. Entonces él se puso a pensar rápidamente y supo, al recordar, que era el día del calendario en que le vino por primera vez aquella extraña impresión.

»Me dijo: "Estaba tremendamente conmocionado. Quería ser sincero. Fui perfectamente honesto al no creer en Dios, y pensé que tenía razón. Pero si lo que mi esposa dijo era cierto, entonces simplemente como abogado mostrando sus pruebas en un caso, sería una buena prueba de que realmente había algo en esta oración. Yo estaba terriblemente conmocionado, y quería ser sincero y no sabía qué hacer. Esa misma noche fui a una pequeña capilla metodista, y si alguien hubiera sabido cómo hablar conmigo, creo que esa misma noche habría aceptado a Cristo". Luego dijo que la noche siguiente volvió otra vez a esa capilla, donde se celebraban reuniones cada noche, y allí se arrodilló ante el altar y rindió su gran y fuerte voluntad a la voluntad de Dios. Entonces dijo: "Supe que iba predicar" y todavía está predicando en un estado del Oeste. Esa es la mitad de la historia. También hablé con su esposa —yo quería juntar las dos mitades, para obtener un poco de enseñanza de todo esto— y ella me dijo que había sido cristiana, lo que ustedes llaman una cristiana nominal, una extraña confusión de términos. Entonces llegó un momento en que fue llevada a una entrega total de su vida al Señor Jesucristo. Y dijo: "De inmediato vino una gran intensificación del deseo de que mi esposo fuera cristiano, e hicimos ese pequeño pacto de orar por él, cada día, hasta que se convirtiera. Esa noche estaba arrodillada junto a mi cama antes de irme a descansar, orando por mi esposo, orando muy fervientemente y entonces una voz dijo: '¿Estás dispuesta a aceptar lo que vendrá si tu esposo se convierte?'. El mensaje fue tan claro que ella dijo que se asustó; nunca había tenido una experiencia semejante. Pero continuó orando aún más fervientemente y de nuevo llegó la voz tranquila: '¿Estás dispuesta a sufrir las consecuencias?'. Y de nuevo se sintió sobresaltada, asustada. Pero continuó orando y preguntándose qué significaba aquello, y por tercera vez la voz se oyó más baja que nunca: '¿Estás dispuesta a sufrir las consecuencias?'".

»Entonces me dijo que había dicho con gran seriedad: "Oh, Dios, estoy dispuesta a todo lo que Tú creas que es bueno, con tal de que mi marido te conozca y se convierta en un verdadero cristiano". Dijo que al instante, cuando esa oración salió de sus labios, llegó a su corazón una maravillosa sensación de paz, una gran paz que no podía explicar, una "paz que sobrepasa todo entendimiento", y desde ese momento —la misma noche de la alianza, la noche en que su esposo tuvo esa primera experiencia extraña— la seguridad de que él aceptaría a Cristo nunca la abandonó. Pero durante todas aquellas semanas ella oró con la firme seguridad de que el resultado llegaría. ¿Cuáles fueron las consecuencias? Fueron de un tipo que creo que nadie consideraría insignificante. Era la esposa de un hombre en una posición política muy prominente; que estaba en línea de convertirse en el funcionario más importante de su estado, y ella oficialmente, la primera dama de ese estado, con todo el honor que esa posición social implicaba. Ahora es la esposa de un predicador metodista, que cambia de casa cada dos o tres años, que va de un lugar a otro, que tiene una posición social muy diferente y unos ingresos muy distintos de los que habría tenido en otras circunstancias. Sin embargo, nunca conocí a una mujer que tuviera más de la maravillosa paz de Dios en su corazón y de la luz en su rostro, que esa mujer».

Y el comentario del Sr. Gordon sobre ese incidente es el siguiente: «Ahora, usted puede ver de inmediato que no hubo ningún cambio en el propósito de Dios a través de esa oración. La oración llevó a cabo Su propósito; no lo cambió. Pero la entrega de la mujer dio la oportunidad de realizar la voluntad que Dios quería realizar. Si pudiéramos entregarnos a Él y aprender Su voluntad, y usar toda nuestra fuerza en aprender Su voluntad y doblegarnos a Su voluntad, entonces comenzaríamos a orar y simplemente no hay nada que pueda resistir el tremendo poder de la oración. Oh, que haya más hombres que sean lo suficientemente sencillos como para ponerse en contacto con Dios y entregarle el dominio de toda su vida y aprender Su voluntad y luego entregarse, como Jesús se entregó a sí mismo al sagrado servicio de la intercesión».

Para el hombre o la mujer que conoce a Dios y sabe cómo orar, no hay nada extraordinario en las respuestas que llegan.

Están seguros de ser escuchados, ya que piden de acuerdo con lo que saben que es la mente y la voluntad de Dios. El Dr. William Burt, Obispo de Europa en la Iglesia Metodista Episcopal, cuenta que hace unos años, cuando visitó su Escuela de Niños en Viena, se encontró con que, aunque no había terminado el año, se habían gastado todos los fondos disponibles. Dudó en hacer un llamamiento especial a sus amigos en América. Lo consultó con los profesores. Llevaron el asunto a Dios con seriedad y continuaron orando, creyendo que Él concedería su petición. Diez días después, el Obispo Burt estaba en Roma, y le llegó una carta de un amigo de Nueva York, que decía básicamente lo siguiente: «Cuando una mañana me dirigía a mi oficina en Broadway (y la fecha era la misma en la que los maestros estaban orando), una voz pareció decirme que usted necesitaba fondos para la Escuela de Niños de Viena. Con mucho gusto le adjunto un cheque para la obra». El cheque era por la cantidad necesaria. No había habido comunicación humana entre Viena y Nueva York. Pero mientras hablaban, Dios les respondió.

Hace algún tiempo apareció en un semanario religioso inglés el informe de un incidente narrado por un conocido predicador durante un discurso a los niños. El predicador podía dar fe de la veracidad de la historia. Una niña yacía enferma en una casa de campo y su hermana menor oyó decir al médico, al salir de la casa: «Solo un milagro puede salvarla». La niña fue a su hucha, sacó las pocas monedas que contenía y, con perfecta sencillez de corazón, fue de tienda en tienda por las calles del pueblo, pidiendo: «Por favor, quiero comprar un milagro».

De todas salió decepcionada. Incluso el farmacéutico local tuvo que decir: «Querida, aquí no vendemos milagros». Pero delante de su puerta dos hombres estaban hablando y habían oído la petición de la chica. Uno era un gran médico de un hospital londinense y le pidió que le explicara lo que quería. Cuando comprendió la necesidad, se apresuró con ella a la casita, examinó a la niña enferma y dijo a la madre: «Es cierto, solo un milagro puede salvarla y debe realizarse de inmediato». Cogió sus instrumentos, realizó la operación y la vida del paciente se salvó.

D. L. Moody da esta ilustración del poder de la oración:

«Estando en Edimburgo, un amigo me señaló a un hombre y me dijo: "Ese hombre es el presidente del Club de Infieles de Edimburgo". Fui, me senté a su lado y le dije: "Amigo mío, me alegro de verlo en nuestra reunión. ¿Está preocupado por su bienestar?".

»—No creo en ningún más allá.

»—Bueno, arrodíllate y déjame orar por ti.

»—No, no creo en la oración.

»Me arrodillé a su lado mientras estaba sentado y recé. Se burlaba mucho de ello. Un año después volví a encontrarme con él. Le cogí de la mano y le dije:

»—¿Aún no ha respondido Dios a mi oración?

»—Dios no existe. Si crees en alguien que responde a las plegarias, inténtalo conmigo.

»—Bueno, muchos están orando por ti y el tiempo de Dios llegará y creo que te salvarás.

»Algún tiempo después recibí una carta de un importante abogado de Edimburgo en la que me decía que mi amigo infiel había venido a Cristo y que diecisiete de sus compañeros de club habían seguido su ejemplo. No sabía cómo respondería Dios a la oración, pero sabía que respondería. Acerquémonos audazmente a Dios».

Robert Louis Stevenson cuenta la vívida historia de una tormenta en el mar. Los pasajeros de abajo estaban muy alarmados, pues las olas azotaban el barco. Por fin, uno de ellos, contraviniendo las órdenes, se arrastró hasta la cubierta y se acercó al piloto, que estaba amarrado al timón, que giraba sin inmutarse. El piloto vio al hombre aterrorizado y le dedicó una sonrisa tranquilizadora. El pasajero bajó y consoló a los demás diciendo: «He visto la cara del piloto y ha sonreído. Todo va bien».

Así nos sentimos cuando, a través de la puerta de la oración, llegamos a la presencia del Padre. Vemos Su rostro y sabemos que todo va bien, pues Su mano está en el timón de los acontecimientos y «hasta los vientos y las olas le obedecen». Cuando vivimos en comunión con Él, llegamos con confianza a su presencia, pidiendo con la plena confianza de recibir y encontrarnos con la justificación de nuestra fe.

XII

«Que vuestros corazones estén muy puestos en los avivamientos de la religión. No olvidéis nunca que las iglesias han existido y prosperado hasta ahora gracias a los avivamientos; y que si han de existir y prosperar en el tiempo venidero, debe ser por la misma causa que ha sido desde el principio su gloria y defensa».

Joel Hawes

«Si algún ministro puede estar satisfecho sin conversiones, no tendrá conversiones».

C. H. Spurgeon

«No creo que mis deseos de un avivamiento hayan sido nunca ni la mitad de fuertes de lo que deberían ser; ni veo cómo un ministro puede evitar estar en una "fiebre constante" cuando su Maestro es deshonrado y las almas son destruidas de tantas maneras».

Edward Payson

«Un santo anciano vino una vez al pastor por la noche y le dijo: "Estamos a punto de tener un avivamiento". Se le preguntó por qué lo sabía. Su respuesta fue: "Fui al establo a cuidar de mi ganado hace dos horas y allí el Señor me ha mantenido en oración hasta ahora. Y siento que vamos a revivir". Era el comienzo de un avivamiento».

H. C. Fish

Se ha dicho que la historia de los avivamientos es la historia de la religión, y nadie puede estudiar su historia sin quedar impresionado por su poderosa influencia sobre el destino de la raza humana. Mirar hacia atrás en el progreso del Reino Divino sobre la tierra es revisar los períodos de avivamiento que han venido como lluvias refrescantes sobre la tierra seca y sedienta, haciendo que el desierto florezca como la rosa y trayendo nuevas eras de vida espiritual y actividad justo cuando la Iglesia había caído bajo la influencia de la apatía de los tiempos y necesitaba despertar a un nuevo sentido de su deber y responsabilidad. «Desde un punto de vista, y no el menos importante», escribe el director Lindsay, en *La Iglesia y el Ministerio en los primeros siglos*, «la historia de la Iglesia va de un tiempo de avivamiento a otro, y si tomamos los despertares en la antigua Iglesia católica, la medieval o la moderna, estos han sido siempre obra de hombres especialmente dotados con el poder de ver y declarar los secretos de la vida cristiana más profunda y el efecto de su obra ha sido siempre proporcional a la receptividad espiritual de la generación a la que han hablado».

Como Dios, desde el principio, ha obrado prominentemente por medio de avivamientos, no puede negarse el hecho de que los avivamientos son parte del plan divino. El Reino de nuestro Señor ha avanzado en gran medida por temporadas especiales de graciosa y rápida realización de la obra de conversión, y puede inferirse, por lo tanto, que los medios a través de los cuales Dios ha obrado en otros tiempos serán empleados en nuestra época para producir resultados similares. «La tranquila conversión de un pecador tras otro, bajo el ministerio ordinario del Evangelio», dice un escritor sobre el asunto, «debe ser siempre considerada con sentimientos de satisfacción y gratitud por los ministros y discípulos de Cristo; pero una manifestación periódica de la conversión simultánea de miles es también de desear, debido a su adaptación para proporcionar una demostración visible e impresionante de que Dios ha hecho a ese mismo Jesús, que fue rechazado y crucificado, tanto Señor como Cristo; y que, en virtud de Su Divina Mediación, ha asumido el cetro real de la supremacía universal y debe reinar hasta que todos Sus enemigos pasen a ser el descanso de Sus pies». Por lo tanto, es razonable esperar que, de cuando en cuando, repita lo que en el día de Pentecostés constituyó la evidencia elusiva y suprema de Su mesianidad y soberanía; y, al hacerlo, sobresalte a las almas adormecidas de los descuidados, gane el oído atento de los inconversos y, de una manera notable, irrumpa en esos sueños brillantes de gloria terrenal, grandeza, riqueza, poder y felicidad, que la multitud rebelde y olvidadiza de Dios acaricia con tanto cariño. Tal efusión del Espíritu Santo constituye a la vez una prueba demostrativa de la plenitud y aceptación de Su ofrenda de Sí mismo como sacrificio por el pecado y una garantía profética de la certeza de que «aparecerá por segunda vez sin pecado para la salvación, para juzgar al mundo en justicia».

Y que los avivamientos son de esperarse, procediendo, como lo hacen, del uso correcto de los medios apropiados, es un hecho que necesita no poco énfasis en estos días, cuando lo material es exaltado a expensas de lo espiritual y cuando se supone que los estándares éticos son supremos. Charles G. Finney enseñó poderosamente que un avivamiento no es un milagro. Puede, dijo, haber un milagro entre las causas que le antedecen, o puede que no. Los apóstoles emplearon milagros simplemente como un medio por el cual atrajeron la atención a su mensaje y establecieron su autoridad divina. «Pero el milagro no era el avivamiento. El milagro fue una cosa; el avivamiento que le siguió fue otra muy distinta. Los avivamientos en los días de los Apóstoles estaban conectados con milagros, pero no eran milagros». Todos los avivamientos dependen de Dios, pero en los avivamientos, como en otras cosas, Él invita y requiere la ayuda del hombre y el resultado completo se obtiene cuando hay cooperación entre lo Divino y lo humano. En otras palabras, para emplear una frase conocida, solo Dios puede salvar al mundo, pero Dios no puede salvar al mundo solo. Dios y el hombre se unen para la tarea y la respuesta de la Divinidad es invariablemente proporcional al deseo y al esfuerzo del humano.

Siendo, pues, necesaria esta cooperación, ¿cuál es el deber que, como colaboradores de Dios, debemos asumir? En primer lugar, y lo más importante de todo —el punto que deseamos enfatizar particularmente—, debemos entregarnos a la oración. «Los avivamientos», como nos recuerda el Dr. J. Wilbur Chapman, «nacen en la oración. Cuando Wesley oró, Inglaterra revivió; cuando Knox oró, Escocia se refrescó; cuando los maestros de la Escuela Dominical de Tannybrook oraron, se añadieron 11 000 jóvenes a la Iglesia en un año. Noches enteras de oración siempre han sido sucedidas por días enteros de ganar almas».

Cuando la iglesia de D. L. Moody en Chicago estaba en cenizas, él fue a Inglaterra, en 1872, no para predicar, sino para escuchar a otros predicar mientras se construía su nueva iglesia. Un domingo por la mañana lo convencieron para que predicara en un púlpito londinense. Pero, de alguna manera, faltaba la atmósfera espiritual. Confesó después que nunca le había costado tanto predicar en su vida. Todo estaba perfectamente muerto y, mientras intentaba vanamente predicar, se decía a sí mismo: «¡Qué tonto he sido al consentir en predicar! Vine aquí para escuchar y aquí estoy predicando». Entonces le vino el horrible pensamiento de que tenía que volver a predicar por la noche, y solo el hecho de haber dado la promesa de hacerlo mantuvo el compromiso. Pero cuando el Sr. Moody subió al púlpito por la noche y se enfrentó a la concurrida congregación, fue consciente de una nueva atmósfera. «Los poderes de un mundo invisible parecían haber caído sobre la audiencia». A medida que se acercaba al final de su sermón se animó a hacer una invitación, y al concluir dijo: «Si hay aquí un hombre o una mujer que acepte esta noche a Jesucristo, por favor póngase de pie». Al instante, unas quinientas personas se pusieron de pie. Pensando que debía tratarse de un error, les pidió que se sentaran, y luego, para que no hubiera ningún malentendido, repitió la invitación, formulándola en términos aún más definidos y difíciles. De nuevo se levantó el mismo número de personas. Pensando aún que algo andaba mal, el Sr. Moody, por segunda vez, pidió a los hombres y mujeres de pie que se sentaran, y luego invitó a todos los que realmente querían aceptar a Cristo a pasar a la sacristía. Unas quinientas personas hicieron lo que se les pedía, y ese fue el comienzo de un avivamiento en aquella iglesia y en el vecindario, que hizo que el Sr. Moody regresara de Dublín, unos días más tarde, para poder asistir a la maravillosa obra de Dios.

La secuela, sin embargo, debe ser dada, o nuestro propósito en relatar el incidente será en vano. Cuando el Sr. Moody predicó en el servicio matutino, había una mujer en la congregación que tenía una hermana inválida. Al regresar a su casa, le dijo a la inválida que el predicador había sido un tal Sr. Moody de Chicago, y al oír esto ella se puso pálida. «Leí sobre él hace algún tiempo en un periódico norteamericano y he estado rogando a Dios que lo envíe a Londres y a nuestra iglesia. Si hubiera sabido que iba a predicar esta mañana, no habría desayunado. Habría pasado todo el tiempo en oración. Ahora, hermana, sal de la habitación, cierra la puerta, no me traigas la cena; no importa quién venga, no dejes que me vea. Voy a pasar toda la tarde en oración». Y así, mientras el Sr. Moody estaba de pie en el púlpito que por la mañana había sido como una cámara de hielo, la santa postrada en cama lo sostenía ante Dios, y Dios, que siempre se deleita en responder a la oración, derramó Su Espíritu con gran poder.

El Dios de los avivamientos que contestó la oración de Su hija por el Sr. Moody, está dispuesto a escuchar y contestar las oraciones fieles y creyentes de Su pueblo hoy. Dondequiera que se reúnan las condiciones de Dios, allí es seguro que caerá el avivamiento. El profesor Thomas Nicholson, del Cornell College, EE.UU., relata una experiencia en su primer circuito que impresiona de nuevo la vieja lección del lugar de la oración en la obra de Dios.

Hacía años que no había habido un avivamiento en aquel circuito y las cosas no eran espiritualmente esperanzadoras. Durante más de cuatro semanas, el pastor había predicado fielmente, visitado casa por casa, en tiendas, comercios y lugares apartados, y había hecho todo lo que había podido. El quinto lunes por la noche vio a muchos de los miembros oficiales en las logias, pero solo a un cabo de la guardia en la iglesia.

El pastor volvió a casa abatido, pero no desesperado. Decidió pasar aquella noche en oración. «Cerró la puerta con llave, tomó la Biblia y el libro de himnos y comenzó a consultar más diligentemente al Señor, aunque las reuniones habían sido objeto de horas de ferviente oración. Solo Dios conoce la ansiedad y el estudio fiel y orante de aquella noche. Al amanecer, sintió una gran paz y la plena certeza de que Dios bendeciría el plan que se había decidido, y eligió un texto que, estaba seguro, era del Señor. Dejándose caer en la cama, el pastor durmió unas dos horas, luego se levantó, desayunó apresuradamente y se dirigió nueve millas al otro extremo del circuito para visitar a algunos enfermos. Durante todo el día aumentó su seguridad.

»Hacia la noche empezó a llover a cántaros, las carreteras estaban casi inundadas y llegamos a casa, mojados, sin cenar y un poco tarde, para encontrarnos con que no había fuego en la iglesia, las luces estaban apagadas y no había señales de servicio. El portero había llegado a la conclusión de que la lluvia impediría el servicio. Cambiamos el orden, tocamos la campana y nos preparamos para la guerra. Tres jóvenes formaban la congregación, pero en aquella "plena seguridad" el pastor pronunció el mensaje que se había orado la noche anterior, con tanta seriedad y plenitud como si la casa hubiera estado abarrotada, y luego hizo un llamamiento personal a cada joven por turnos. Dos se entregaron y testificaron antes de que terminara la reunión.

»El pastor, cansado, se fue a un dulce descanso, y a la mañana siguiente, levantándose un poco más tarde que de costumbre, se enteró de que uno de los jóvenes iba de tienda en tienda por toda la ciudad contando su maravillosa liberación y exhortando a la gente a la salvación. Noche tras noche se producían conversiones, hasta que en dos semanas oímos testificar a 144 personas en cuarenta y cinco minutos. Los tres puntos de ese circuito vieron un resplandor de avivamiento ese invierno, y familia tras familia entraron a la iglesia, hasta que la membresía se triplicó con creces.

»De esa reunión, un converso es un exitoso pastor de la Conferencia de Michigan, otro es la esposa de uno de nuestros pastores más selectos y un tercero estuvo en el ministerio durante varios años y luego se fue a otra denominación, donde es fiel hasta el día de hoy. Probablemente, ninguno de los miembros ha sabido nunca de la noche de oración del pastor, pero él cree de verdad que Dios hace de alguna manera por el hombre que ora así lo que no hace por el hombre que no ora, y está seguro de que "más cosas nacen de la oración de lo que cree este mundo"».

Todos los verdaderos avivamientos han nacido en la oración. Cuando el pueblo de Dios se preocupa tanto por el estado de la religión que se acuesta sobre su rostro día y noche en ferviente súplica, la bendición seguramente fracasará.

Es lo mismo a través de los tiempos. Todos los avivamientos de los que tenemos constancia han estado bañados en oración. Tomemos, por ejemplo, el maravilloso avivamiento en Shotts

(Escocia) en 1630. Habiendo llegado a conocimiento general el hecho de que varios de los entonces perseguidos ministros tomarían parte en la solemne convocación, una gran multitud de personas piadosas se reunió en esta ocasión desde todos los rincones del país, y se *pasaron varios días en oración social,* preparatoria para el servicio. Por la noche, en lugar de retirarse a descansar, la multitud se dividió en pequeños grupos y *pasó toda la noche en oración y alabanza.* El lunes se consagró a la acción de gracias, una práctica que no era común entonces, y resultó ser el día grande de la fiesta. Tras muchos ruegos, John Livingston, capellán de la condesa de Wigtown, un hombre joven y no ordenado, accedió a predicar. *Había pasado la noche en oración y conferencia*, pero a medida que se acercaba la hora de la reunión su corazón se estremecía ante la idea de dirigirse a tantos santos ancianos y experimentados, y de hecho huyó del deber que había asumido. Pero en el momento en que la iglesia de Shotts desaparecía de su vista, aquellas palabras: «¿He sido alguna vez un desierto estéril o una tierra de tinieblas?», fueron grabadas en su mente con tal fuerza que le obligaron a volver a la obra.

Tomó como texto Ezequiel 36:25, 26, y disertó con gran fuerza durante unas dos horas. Se cree que quinientas conversiones se produjeron bajo ese único sermón, así prologado por la oración. «Fue la siembra de una semilla a través de Clydesdale, de modo que muchos de los cristianos más eminentes de ese país podrían fechar su conversión, o alguna confirmación notable de su caso, a partir de ese día».

De Richard Baxter se ha dicho que «manchó las paredes de su estudio con aliento de oración y, después de ser así ungido con la unción del Espíritu Santo, envió un río de agua viva sobre Kidderminster». En una ocasión, Whitfield oró así: «Oh, Señor, dame almas o llévate la mía». Después de mucho rogar, «una vez fue a la feria del Diablo y sacó más de mil almas de las garras del león en un solo día».

El Sr. Finney dice: «Una vez conocí a un ministro que tuvo un avivamiento catorce inviernos seguidos. No sabía cómo explicarlo hasta que vi a uno de sus miembros levantarse en una reunión de oración y hacer una confesión. "Hermanos", dijo, "he tenido por mucho tiempo el hábito de orar todos los sábados por la noche hasta después de medianoche para que descienda el Espíritu Santo entre nosotros. Y ahora, hermanos (y comenzó a llorar), confieso que lo he descuidado durante dos o tres semanas". El secreto estaba al descubierto. Aquel ministro tenía una iglesia orante».

Y así podríamos seguir multiplicando ilustración tras ilustración para mostrar el lugar de la oración en el avivamiento y para demostrar que todo movimiento poderoso del Espíritu de Dios tuvo su fuente en la cámara de oración. La lección de todo esto es que, como obreros, juntamente con Dios, debemos considerarnos en no poca medida responsables de las condiciones que prevalecen hoy a nuestro alrededor. ¿Nos preocupa la frialdad de la Iglesia? ¿Nos aflige la falta de conversiones? ¿Nuestra alma clama a Dios a medianoche por la efusión de su Espíritu?

Si no, parte de la culpa es nuestra. Si hacemos nuestra parte, Dios hará la suya. A nuestro alrededor hay un mundo perdido en el pecado, sobre nosotros hay un Dios dispuesto y capaz de salvar; a nosotros nos corresponde construir el puente que une el cielo y la tierra y la oración es el poderoso instrumento que hace el trabajo.

Y así nos llega con voz insistente el viejo grito: «Orad, hermanos, orad».

XIII

«Señor Jesús, haz que conozca en mi experiencia diaria la gloria y la dulzura de tu nombre, y luego enséñame a usarlo en mi oración para que pueda ser como Israel, un príncipe que prevalece con Dios. Tu nombre es mi pasaporte y me asegura el acceso; Tu nombre es mi súplica y me asegura la respuesta; Tu nombre es mi honor y me asegura la gloria. Bendito Nombre, Tú eres miel en mi boca, música en mi oído, cielo en mi corazón y todo en todo para mi ser».

C. H. Spurgeon

«No quiero decir que cada oración que ofrecemos es respondida exactamente como deseamos. Si así fuera, significaría que estamos dictando a Dios y la oración degeneraría en un mero sistema de mendicidad. Así como un padre terrenal sabe lo que es mejor para el bienestar de sus hijos, así Dios toma en consideración las necesidades particulares de Su familia humana y las satisface de Su maravilloso almacén. Si nuestras peticiones están de acuerdo con Su voluntad, y si buscamos Su gloria al pedir, las respuestas llegarán de maneras que nos asombrarán y llenarán nuestros corazones de cantos de acción de gracias. Dios es un Padre rico y generoso y no se olvida de sus hijos ni les quita nada que les convenga recibir».

J. Kennedy Maclean

El ejemplo de nuestro Señor en materia de oración es uno que sus seguidores bien podrían copiar. Cristo oró mucho y enseñó mucho sobre la oración. Su vida y sus obras, así como sus enseñanzas, son ejemplos de la naturaleza y la necesidad de la oración. Vivió y trabajó para responder a la oración. Pero la necesidad de la importunidad en la oración fue el punto que más enfatizó en Su enseñanza sobre la oración. No solo enseñó que los hombres deben orar, sino que deben perseverar en la oración.

Enseñó con mandatos y preceptos la idea de la energía y la seriedad en la oración. Él da a nuestros esfuerzos grado y clímax. Debemos pedir, pero al pedir debemos añadir el buscar y el buscar debe pasar a la plena fuerza del esfuerzo al llamar. El alma suplicante debe despertar al esfuerzo por el silencio de Dios. La negación, en lugar de apaciguar o abatir, debe despertar sus energías latentes y encender de nuevo su mayor ardor.

En el Sermón de la Montaña, en el que Él establece los deberes cardinales de Su religión, Jesús no solo da prominencia a la oración en general y a la oración secreta en particular, sino que separa una sección distinta y diferente para dar peso a la oración importuna. Para prevenir cualquier desaliento en la oración, establece como principio básico el hecho de la gran voluntad paternal de Dios: que la voluntad de Dios de responder a nuestras oraciones excede nuestra voluntad de dar cosas buenas y necesarias a nuestros hijos, tanto como la capacidad, bondad y perfección de Dios exceden nuestras debilidades y nuestra maldad. Y para añadir otra seguridad y estímulo para la oración, Cristo da la seguridad más positiva y reiterada de la respuesta a las oraciones. Él declara: «Pedid y se les dará; buscad y hallaréis; llamad y se os abrirá». Y para que la seguridad sea doble, añade: «Porque todo el que pide, recibe; y el que busca, halla; y al que llama, se le abrirá».

¿Por qué nos revela la amorosa disposición del Padre a responder a las oraciones de sus hijos? ¿Por qué asegura con tanta firmeza que la oración será escuchada? ¿Por qué repite esa aseveración positiva seis veces? ¿Por qué repite Cristo en dos ocasiones distintas las mismas promesas enérgicas, iteraciones y reiteraciones con respecto a la certeza de que la oración será contestada? Porque Él sabía que habría demora en muchas respuestas, lo cual exigiría una insistencia importuna, y que si nuestra fe no tenía la más firme seguridad de la voluntad de Dios de responder, la demora la destrozaría. Y que nuestra pereza espiritual se sumaría, bajo el disfraz de sumisión, y diría que no es la voluntad de Dios darnos lo que pedimos y así dejaríamos de orar y perderíamos nuestro caso. Después de que Cristo había puesto la voluntad de Dios de responder a la oración en una luz muy clara y fuerte, a continuación, insta a la importunidad y que cada oración no contestada, en lugar de disminuir nuestra presión, solo debe aumentar la intensidad y la energía de nuestro orar. Si el pedir no obtiene, que el pedir pase al espíritu de búsqueda. Si la búsqueda no asegura la respuesta, dejemos que la búsqueda pase a la súplica más enérgica y la llamada más clamorosa. Debemos perseverar hasta que lo consigamos. No fracasaremos si nuestra fe no se derrumba.

Como nuestro gran ejemplo en la oración, el Señor pone como condición primordial el amor, un amor que ha purificado el corazón de todos los elementos de odio, venganza y mala voluntad. El amor es la condición suprema de la oración, una vida inspirada por el amor. El capítulo 13 de 1ª Corintios es la ley de la oración, además de la ley del amor. La ley del amor es la ley de la oración y dominar este capítulo de la epístola de San Pablo es aprender la primera y más plena condición de la oración.

Cristo nos enseñó también a acercarnos al Padre en Su nombre. Ese es nuestro pasaporte. Es en Su nombre que debemos dar a conocer nuestras peticiones. «De cierto, de cierto les digo: El que en Mí cree, las obras que yo hago, él las hará también; y aún mayores *obras* hará, porque yo voy al Padre. Y todo lo que pidiereis en Mi nombre eso haré, para que el Padre sea glorificado en el Hijo. Si algo Me pidiereis en Mi nombre, yo lo haré».

Qué amplio y abarcador es ese «todo». No hay límite para el poder de ese nombre. «Todo lo que pidiereis». Esa es la declaración divina y abre a cada niño que ora un panorama de infinitos recursos y posibilidades.

Y esa es nuestra herencia. Todo lo que Cristo tiene puede llegar a ser nuestro si obedecemos las condiciones. El único secreto es la oración. El lugar de la revelación y del equipo, de la gracia y del poder, es la cámara de oración, y al reunirnos allí con Dios no solo ganaremos nuestros triunfos, sino que también creceremos a semejanza de nuestro Señor y nos convertiremos en sus testigos vivientes ante los hombres.

Sin la oración, la vida cristiana, despojada de su dulzura y de su belleza, se vuelve fría, formal y muerta; pero arraigada en el lugar secreto donde Dios se reúne y camina y habla con los suyos, crece hasta convertirse en un testimonio tal del poder divino, que todos los hombres sentirán su influencia y serán tocados por el calor de su amor. Así, asemejándonos a nuestro Señor y Maestro, seremos utilizados para la gloria de Dios y la salvación de nuestros semejantes.

Y ese es, sin duda, el propósito de toda verdadera oración y el fin de todo verdadero servicio.

LAS POSIBILIDADES DE LA ORACIÓN

Prólogo

La historia de la oración es la historia de grandes logros. La oración es un poder maravilloso puesto por Dios Todopoderoso en manos de sus santos, que puede ser utilizado para realizar grandes propósitos y lograr resultados insólitos. La oración lo alcanza todo, abarca todas las cosas grandes y pequeñas prometidas por Dios a los hijos de los hombres. Los únicos límites de la oración son las promesas de Dios y su capacidad para cumplirlas.

Descubre las infinitas posibilidades de la oración. Capítulos como «Oración contestada», «Milagros de la oración» y «Maravillas de Dios a través de la oración» te ayudarán a comprender lo que se puede lograr si tan solo oramos. Una mirada práctica y estimulante sobre la oración y su poder.

Edward McKendree Bounds (1835-1913) ejerció la abogacía durante tres años hasta que fue llamado a predicar el Evangelio. Mientras servía como capellán durante la Guerra Civil, fue capturado y mantenido prisionero en Nashville, Tennessee. Tras su liberación, ocupó varios pastorados. Sus libros sobre la oración han sido éxitos de ventas continuos durante más de cincuenta años.

I

El ministerio de la oración

> «La oración debe ser el aliento de nuestra respiración, el pensamiento de nuestro pensar, el alma de nuestro sentir y la vida de nuestro vivir, el sonido de nuestro oír, el crecimiento de nuestro crecer. La oración en su magnitud es longitud sin fin, anchura sin límites, altura sin cima y profundidad sin fondo. Ilimitable en su anchura, inagotable en su altura, insondable en sus profundidades e infinita en su extensión».
>
> **Homer W. Hodge**

El ministerio de la oración ha sido la distinción peculiar de todos los santos de Dios. Este ha sido el secreto de su poder. La energía y el alma de su trabajo ha sido la cámara de oración. Siendo tan grande la necesidad de ayuda fuera del hombre, la incapacidad natural del hombre para juzgar siempre con bondad, justicia y verdad, y para actuar según la Regla de Oro, la oración es ordenada por Cristo para capacitar al hombre para actuar en todas estas cosas de acuerdo con la voluntad divina. Mediante la oración se asegura la capacidad de sentir la ley del amor, de hablar según la ley del amor y de hacer todo en armonía con la ley del amor.

Dios puede ayudarnos. Dios es Padre. Necesitamos los bienes de Dios para ayudarnos a «obrar con justicia, amar la misericordia y caminar humildemente ante Dios». Necesitamos la ayuda divina para actuar fraternalmente, con sabiduría y nobleza, y para juzgar con verdad y caridad. La ayuda divina para hacer todas estas cosas a la manera de Dios está asegurada por la oración. «Pedid y recibiréis; buscad y hallaréis; llamad y se os abrirá».

En la maravillosa producción de gracias y deberes cristianos, resultado de entregarnos enteramente a Dios, registrada en el capítulo duodécimo de Romanos, tenemos las expresiones: «Perseverando en la oración», precedidas de «gozosos en la esperanza, pacientes en la tribulación», seguidas de: «Repartiendo a las necesidades de los santos, entregados a la hospitalidad». Pablo escribe así como si estas gracias ricas y raras y estos deberes desinteresados, tan dulces, brillantes, generosos y altruistas tuvieran por centro y fuente la capacidad de orar.

Esta es la misma palabra que se utiliza para referirse a la oración de los discípulos que dio paso a Pentecostés con todas sus ricas y gloriosas bendiciones del Espíritu Santo. En Colosenses, Pablo vuelve a utilizar la palabra en el servicio de la oración: «Perseverad en la oración y velad en ella con acción de gracias». La palabra en su trasfondo y raíz significa fuerte, la capacidad de permanecer y perseverar resueltamente, mantenerse seguro y firme, prestar atención constante.

En Hechos, capítulo 6, se lee: «Entreguémonos continuamente a la oración». Hay en ello constancia, valor, perseverancia infatigable. Significa dar una atención tan marcada y una preocupación tan profunda a una cosa, que la hará conspicua y en control.

Esto es un avance en la exigencia de «continuar». La oración ha de ser incesante, sin intermisión, asidua, sin freno en el deseo, en el espíritu o en el acto; el espíritu y la vida siempre en actitud de oración. Las rodillas pueden no estar siempre dobladas, los labios pueden no estar siempre llenos con palabras de oración, pero el espíritu está siempre en el acto y la relación de la oración.

No debería haber ningún ajuste de vida o espíritu para las horas de oración. El espíritu de oración debe gobernar y ajustar dulcemente todos los tiempos y ocasiones. Nuestras actividades y trabajo deben ser realizados en el mismo espíritu que hace nuestra devoción y que hace sagrado nuestro tiempo de oración. «Sin interrupción, incesantemente, asiduamente», describe una opulencia, una energía, una fuerza invencible e incesante y una plenitud de esfuerzo; como el flujo pleno, espontáneo e inagotable de una corriente. Toca al hombre de Dios que así entiende la oración, en cualquier punto, en cualquier momento, y se ve fluir de él una corriente plena de oración.

Pero todos estos beneficios incalculables, de los cuales el Espíritu Santo se nos hace el medio, se remontan en su disposición y resultados a la oración. No se condiciona la venida del Espíritu Santo y de su gran gracia a un pequeño proceso y a una mera ejecución de la oración, sino a la oración encendida, por un deseo inextinguible, con tal sentido de necesidad que no se puede negar, con una determinación fija que no cederá y que nunca desmayará hasta que gane el mayor bien y obtenga la mejor y última bendición que Dios tiene reservada para nosotros.

El Primer Cristo, Jesús, nuestro Gran Sumo Sacerdote, por siempre bendito y adorado sea Su Nombre, fue un Consolador lleno de gracia, un Guía fiel, un Maestro dotado, un Abogado intrépido, un Amigo devoto y un Intercesor todopoderoso. El otro, el «otro Consolador», el Espíritu Santo, entra en todas estas benditas relaciones de compañerismo, autoridad y ayuda, con toda la ternura, dulzura, plenitud y eficacia del Primer Cristo.

¿Fue el Primer Cristo el Cristo de la oración? ¿Ofreció a Dios oraciones y súplicas con fuerte clamor y lágrimas? ¿Buscó el silencio, la soledad y la oscuridad para poder orar sin ser oído ni presenciado, salvo por el cielo, en su agonía, por el hombre con Dios? ¿Vive Él, entronizado arriba a la derecha del Padre, para orar por nosotros?

Entonces, ¡cuán verdaderamente el otro Cristo, el otro Consolador, el Espíritu Santo, representa a Jesucristo como el Cristo de la oración! Este otro Cristo, el Consolador, no se planta en los despojos de la montaña ni lejos en la noche, sino en el frío y la noche del corazón humano, para despertarlo a la lucha y enseñarle la necesidad y la forma de la oración. ¡Cómo el Divino Consolador, el Espíritu de Verdad, pone en el corazón humano la carga de la todopoderosa necesidad de la tierra y hace que los labios humanos den voz a sus gemidos mudos e indecibles!

¡Qué poderoso Cristo de oración es el Espíritu Santo! ¡Cómo apaga toda llama del corazón, excepto la llama del deseo celestial! Cómo aquieta, como un niño destetado, toda la voluntad propia, hasta que en voluntad, cerebro y corazón, y por boca, oramos solo como Él ora. «Intercediendo por los santos, según la voluntad de Dios».

II

La oración y las promesas

«No tienes que desesperar completamente ni siquiera de aquellos que por el momento "se vuelven y te desgarran". Porque si todos tus argumentos y persuasiones fallan, todavía queda otro remedio, uno que frecuentemente es eficaz cuando ningún otro método sirve. Este es la oración. Por lo tanto, todo lo que desees, para otros o para tu propia alma, "pídelo y se te dará"».

Juan Wesley

Sin la promesa, la oración es excéntrica e infundada. Sin la oración, la promesa es tenue, sin voz, sombría e impersonal. La promesa hace que la oración sea intrépida e irresistible. El apóstol Pedro declara que Dios nos ha dado «preciosas y grandísimas promesas». Son promesas «preciosas» y «grandísimas», y por eso mismo debemos «añadir a nuestra fe» y suplir la virtud. Es la adición lo que hace que las promesas sean actuales y beneficiosas para nosotros. Es la oración la que hace que las promesas tengan peso, sean preciosas y prácticas. El apóstol Pablo no vaciló en declarar que la gracia de Dios tan ricamente prometida se hacía operativa y eficaz por la oración. «Vosotros también ayudáis orando por nosotros».

Las promesas de Dios son «grandísimas y preciosísimas», palabras que indican claramente su gran valor y su amplio alcance, como fundamento sobre el que basar nuestras expectativas al orar. Por muy grandes y preciosas que sean, su realización, la posibilidad y la condición de esa realización se basan en la oración. ¡Cuán gloriosas son estas promesas para los santos creyentes y para toda la Iglesia! ¡Cómo el brillo y la floración, el fruto y la gloria sin nubes del mediodía del futuro nos iluminan a través de las promesas de Dios! Sin embargo, estas promesas nunca hicieron florecer la esperanza ni dieron fruto a un corazón sin oración. Tampoco podrían estas promesas, aunque se multiplicaran por mil en número y belleza, traer la gloria del milenio a una Iglesia sin oración. La oración hace que la promesa sea rica, fructífera y una realidad consciente.

La oración como energía espiritual, e ilustrada en su obra ampliada y poderosa, abre paso a las promesas de Dios y las lleva a la realización práctica.

Las promesas de Dios abarcan todas las cosas que pertenecen a la vida y a la piedad, que se relacionan con el cuerpo y el alma, que tienen que ver con el tiempo y la eternidad. Estas promesas bendicen el presente y se extienden en sus beneficios hacia el futuro eterno e ilimitado. La oración hace que estas promesas se cumplan y fructifiquen. Las promesas son el fruto de oro de Dios que la mano de la oración recoge. Las promesas son la semilla incorruptible de Dios, que debe ser sembrada y labrada por la oración.

La oración y las promesas son interdependientes. La promesa inspira y da energía a la oración, pero la oración localiza la promesa y le da realización y ubicación. La promesa es como la lluvia bendita que cae a cántaros, pero la oración, como las tuberías que transmiten, preservan y dirigen la lluvia, localiza y precipita estas promesas, hasta que se vuelven locales y personales, y bendicen, refrescan y fertilizan. La oración se apodera de la promesa y la conduce a sus maravillosos fines, elimina los obstáculos y hace una autopista para que la promesa llegue a su glorioso cumplimiento.

Aunque las promesas de Dios son «muy grandes y preciosas», son específicas, claras y personales. Cuán específica y clara es la promesa de Dios a Abraham:

> «Y el ángel del Señor llamó a Abraham desde el cielo por segunda vez,
> y dijo: "Por mí mismo lo he jurado", dice el Señor, "por cuanto has hecho esto y no has retenido a tu hijo, tu único hijo;
> que en la bendición te bendeciré, y en la multiplicación multiplicaré tu descendencia como las estrellas del cielo y como la arena que está a la orilla del mar; y tu descendencia poseerá la puerta de sus enemigos;
> y en tu descendencia serán benditas todas las naciones de la tierra, porque has obedecido mi voz"».

Pero Rebeca, por quien ha de fluir la promesa, no tiene hijos. Su vientre estéril constituye un obstáculo invencible para el cumplimiento de la promesa de Dios. Pero con el tiempo le nacen hijos.

Isaac se convierte en un hombre de oración a través del cual la promesa se hará realidad, y así leemos:

> «E Isaac suplicó a Jehová por su mujer, porque era estéril; y Jehová fue conmovido por él y Rebeca, su mujer, concibió».

La oración de Isaac abrió el camino para el cumplimiento de la promesa de Dios, la llevó a su maravilloso cumplimiento, e hizo efectiva la promesa para producir resultados maravillosos.

Dios habló a Jacob e hizo promesas concretas:

> «Vuelve a la tierra de tus padres y a tu parentela, y yo estaré contigo».

Jacob no tarda en cumplir la promesa, pero Esaú se enfrenta a él con su venganza despierta y su intención asesina, más temible a causa de los largos años, impávidos y de espera. Jacob se lanza directamente sobre la promesa de Dios mediante una noche de oración, primero en quietud y calma, y luego, cuando la quietud, la soledad y la oscuridad de la noche se ciernen sobre él, hace la oración de lucha toda la noche.

> «Contigo quiero quedarme toda la noche
> y luchar hasta el amanecer».

El ser de Dios está involucrado, Su promesa está en juego, y mucho está implicado en el asunto. El temperamento de Esaú, su conducta y su carácter están en juego. Es una ocasión notable. Mucho depende de ello. Jacob sigue adelante con su caso e insiste en su súplica con grandes luchas y denodados forcejeos. Es la forma más elevada de importunidad. Pero al final obtiene victoria. Su nombre y su naturaleza cambian y él se convierte en un hombre nuevo y diferente. Jacob se salva en primer lugar. Es bendecido en su vida y en su alma. Pero aún se logra más. Esaú sufre un cambio radical de mentalidad. Aquel que había salido con odio y venganza en su corazón contra su propio hermano, buscando la destrucción de Jacob, se ve afectado de manera extraña y maravillosa, cambia y toda su actitud hacia su hermano se torna radicalmente diferente. Y cuando los dos hermanos se encuentran, el amor sustituye al miedo y al odio, y compiten entre sí en mostrar verdadero afecto fraternal.

La promesa de Dios se cumple. Pero fue necesaria toda esa noche de oraciones importunas para que se cumpliera. Fue necesaria aquella temible noche de lucha por parte de Jacob para que la promesa se cumpliera y diera fruto. La oración produjo el maravilloso hecho. Así que la oración del mismo tipo producirá resultados similares en este día. Fueron la promesa de Dios y la oración de Jacob lo que coronó y multiplicó los resultados tan maravillosamente.

«Ve y muéstrate a Acab y yo enviaré lluvia sobre la tierra», fue el mandato y la promesa de Dios a su siervo Elías, después de que la terrible hambruna hubiera maldecido la tierra. Muchos resultados gloriosos marcaron aquel día de fe heroica y valor intrépido por parte de Elías. El sublime asunto con Israel había tenido éxito, el fuego había caído, Israel había sido recuperado, los profetas de Baal habían sido muertos, pero no había lluvia. La única cosa que Dios había prometido, no se había dado. El día declinaba y las multitudes asombradas estaban desfallecidas, pero sostenidas por una mano invisible.

Elías se vuelve de Israel a Dios y de Baal a la única fuente de ayuda para un asunto final y una victoria definitiva. Pero siete veces se detiene el inquieto afán del profeta. No es hasta la séptima vez que su vigilancia se ve recompensada y la promesa es llevada a su cumplimiento final. La ardiente e implacable oración de Elías llevó a sus triunfantes resultados la promesa de Dios y la lluvia descendió en abundancia.

> «Tu promesa, Señor, es siempre segura,
> y los que en Tu casa moren,
> los que aseguren esa feliz posición,
> deben sobresalir en santidad».

Nuestras oraciones son demasiado pequeñas y débiles para ejecutar los propósitos o para reclamar las promesas de Dios con un poder que se apropie de ellas. Propósitos maravillosos necesitan oraciones maravillosas para ejecutarlos. Las promesas milagrosas necesitan oraciones milagrosas para realizarlas. Solo la oración divina puede operar promesas divinas o llevar a cabo propósitos divinos. ¡Cuán grandes, sublimes y exaltadas son las promesas que Dios hace a su pueblo! ¡Cuán eternos son los propósitos de Dios! ¿Por qué estamos tan empobrecidos en experiencia y tan bajos en la vida cuando las promesas de Dios son tan «sumamente grandes y preciosas»? ¿Por qué los propósitos eternos de Dios se mueven tan tardíamente? ¿Por qué se ejecutan tan mal? La respuesta es nuestra incapacidad para apropiarnos de las promesas divinas y descansar nuestra fe en ellas, y para orar con fe. «No tenemos porque no pedimos». «No pedimos y no recibimos porque pedimos mal».

La oración se basa en el propósito y la promesa de Dios. La oración es sumisión a Dios. La oración no alberga ningún suspiro de infidelidad contra la voluntad de Dios. Puede clamar contra la amargura y el terrible peso de una hora de angustia indecible: «Si es posible, pasa de mí este cáliz». Sin embargo, está cargada de la más dulce y pronta sumisión. «Pero no se haga mi voluntad, sino la tuya».

Pero la oración en su habitual corriente uniforme y profunda es conformidad consciente con la voluntad de Dios, basada en la promesa directa de la Palabra de Dios y bajo la iluminación y aplicación del Espíritu Santo. Nada es más seguro que la Palabra de Dios como fundamento seguro de la oración. Oramos tal como creemos en la Palabra de Dios. La oración se basa directa y específicamente en las promesas reveladas de Dios en Cristo Jesús. No tiene otro fundamento sobre el cual basar su súplica. Todo lo demás es sombrío, arenoso, inconstante. Ni nuestros sentimientos, ni nuestros méritos, ni nuestras obras, sino la promesa de Dios es la base de la fe y el fundamento sólido de la oración.

«Ahora he encontrado el suelo
donde segura puede permanecer el ancla de mi alma;
las heridas de Jesús, por mi pecado,
inmolado antes de la fundación del mundo».

Lo contrario de esta proposición también es cierto. Las promesas de Dios dependen y están condicionadas a la oración para apropiarnos de ellas y hacerlas una realización consciente. Las promesas son forjadas en nosotros, apropiadas por nosotros y sostenidas en los brazos de la fe por la oración. Notemos que la oración da a las promesas su eficacia, las localiza, se apropia de ellas y las utiliza. La oración da a las promesas un uso práctico y actual. La oración pone las promesas como la semilla en la tierra que fructifica. Las promesas, como la lluvia, son generales. La oración las encarna, precipita y localiza para uso personal. La oración entra por fe en el gran huerto frutal de las grandísimas y preciosas promesas de Dios, y con la mano y el corazón recoge los frutos más maduros y ricos. Las promesas, como la electricidad, pueden brillar y deslumbrar y, sin embargo, ser impotentes para el bien hasta que estas corrientes dinámicas y vivificantes sean encadenadas por la oración y se conviertan en las poderosas fuerzas que mueven y bendicen.

III

La oración y las promesas (continuación)

«Cada promesa de la Escritura es un escrito de Dios, que puede ser alegado ante Él con esta petición razonable: "Haz lo que has dicho". El Creador no engañará a Su criatura que depende de Su verdad; y, mucho más, el Padre Celestial no quebrantará Su palabra a Su propio hijo. "Acuérdate de la palabra dada a tu siervo, en la cual me has hecho esperar", es la súplica más frecuente. Es un argumento doble: Es tu palabra, ¿no la cumplirás? ¿Por qué has hablado de ella si no la harás buena? Me has hecho esperar en ella, ¿desilusionarás la esperanza que Tú mismo has engendrado en mí?».

C. H. Spurgeon

Las grandes promesas encuentran su cumplimiento en la oración. Inspiran la oración, y a través de ella las promesas fluyen hasta su plena realización y dan su fruto más maduro.

La magnífica y santificadora promesa del capítulo 36 de Ezequiel, promesa que encuentra su fruto más pleno, maduro y rico en el Nuevo Testamento, es una ilustración de cómo la promesa espera en la oración:

«Rociaré sobre vosotros agua limpia, y quedaréis limpios; de toda vuestra inmundicia y de todos vuestros ídolos os limpiaré. También os daré un corazón nuevo, y pondré un espíritu nuevo dentro

> de vosotros; y quitaré de vuestra carne el corazón de piedra y os daré un corazón de carne. Pondré dentro de vosotros Mi Espíritu y haré que andéis en Mis estatutos, y guardaréis Mis ordenanzas y las pondréis por obra. Habitaréis en la tierra que di a vuestros padres; y vosotros seréis Mi pueblo, y Yo seré vuestro Dios».

Y con respecto a esta promesa y esta obra, Dios definitivamente dice:

> «Aún seré consultado por esto por la casa de Israel, para que lo haga por ellos».

Cuanto más verdaderamente han orado los hombres por estas ricas cosas, tanto más plenamente han entrado en esta promesa sumamente grande y preciosa, porque en sus resultados iniciales y finales, así como en todos sus procesos realizados, depende enteramente de la oración.

> «Dame un corazón nuevo y perfecto,
> libre de duda, miedo y dolor;
> la mente que estaba en Cristo dame,
> y que mi espíritu se apegue a ti.
> ¡Oh, llévate este corazón de piedra!
> Su peso no quiero tener,
> no dejes que en mí se quede.
> ¡Oh, llévate este corazón de piedra!».

Ningún corazón nuevo palpitó jamás con sus pulsaciones de vida divina en alguien cuyos labios nunca buscaron en oración con espíritu contrito esa preciosa bendición de un corazón perfecto de amor y limpieza. Dios nunca ha puesto Su Espíritu en el reino de un corazón humano que nunca haya invocado por medio de la oración ardiente la venida y morada del Espíritu Santo. Un espíritu sin oración no tiene afinidad con un corazón limpio. La oración y un corazón puro van de la mano. La pureza de corazón sigue a la oración, mientras que la oración es la efusión natural y espontánea de un corazón purificado por la sangre de Jesucristo.

A este respecto, hay que señalar que las promesas de Dios son siempre personales y concretas. No son generales, indefinidas, vagas. No tienen que ver con multitudes y clases de personas en una masa, sino que se dirigen a individuos. Tratan con personas. Cada creyente puede reclamar la promesa como suya. Dios trata con cada uno personalmente. De modo que cada santo puede poner las promesas a prueba. «Pruébame ahora en esto, dice el Señor». No hay necesidad de generalizar ni de perderse en vaguedades. El santo orante tiene derecho a poner su mano sobre la promesa y reclamarla como suya propia, hecha especialmente para él y destinada a abarcar todas sus necesidades, presentes y futuras.

«Aunque los problemas asalten
y los peligros atemoricen;
aunque todos los amigos fallen
y todos los enemigos se unan,
una cosa es segura:
pase lo que pase,
la promesa nos asegura:
el Señor proveerá».

Jeremías dijo una vez, hablando del cautiverio de Israel y de su fin, hablando en nombre del Dios Todopoderoso: «Después de que se cumplan setenta años en Babilonia, os visitaré y cumpliré mi buena palabra para con vosotros, haciéndoos volver a este lugar».

Pero esta promesa fuerte y definida de Dios fue acompañada por estas palabras, uniendo la promesa con la oración: «Entonces me invocaréis, e iréis y oraréis a mí, yo os escucharé. Y me buscaréis y me hallaréis, cuando me busquéis de todo vuestro corazón». Esto parece indicar muy claramente que la promesa dependía de la oración para su cumplimiento.

En Daniel tenemos este registro: «Yo, Daniel, entendí por los libros el número de los años de los cuales vino la palabra del Señor al profeta Jeremías, que cumpliría setenta años en las desolaciones de Jerusalén. Y puse mi rostro en el Señor Dios para buscar con oración y súplicas, con ayunos, cilicio y ceniza».

Así que Daniel, cuando el tiempo del cautiverio expiraba, se puso a orar poderosamente para que la promesa se cumpliera y el cautiverio llegara a su fin. Fue la promesa de Dios por medio de Jeremías y la oración de Daniel lo que rompió las cadenas del cautiverio babilónico, liberó a Israel y devolvió al antiguo pueblo de Dios a su tierra natal. La promesa y la oración fueron juntas para llevar a cabo el propósito de Dios y ejecutar Sus planes.

Dios había prometido por medio de sus profetas que el Mesías venidero tendría un precursor. ¡Cuántos hogares y vientres en Israel habían anhelado la llegada a ellos de este gran honor! Tal vez Zacarías e Isabel eran los únicos que intentaban realizar mediante la oración esta gran dignidad y bendición. Al menos sabemos que el ángel dijo a Zacarías, al anunciarle la venida de este gran personaje: «Tu oración ha sido escuchada». Fue entonces cuando la palabra del Señor pronunciada por los profetas y la oración del anciano sacerdote y su esposa trajeron a Juan el Bautista al vientre marchito y al hogar sin hijos de Zacarías e Isabel.

La promesa dada a Pablo, grabada en su comisión apostólica, relatada por él después de su arresto en Jerusalén, cuando hacía su defensa ante el rey Agripa, iba en este sentido: «Te liberaré del pueblo y de los gentiles, a quienes ahora te envío». ¿Cómo hizo Pablo para que esta promesa fuera eficaz? ¿Cómo hizo real la promesa? He aquí la respuesta. En apuros por los hombres, judíos y gentiles, presionado por ellos penosamente, escribe a sus hermanos en Roma, con una apremiante petición de oración:

«Ahora os ruego, hermanos, por el Señor Jesucristo y por el amor del Espíritu, que os esforcéis conmigo en vuestras oraciones a Dios por mí, para que me libre de los que no creen en Judea».

Sus oraciones, unidas a las de Pablo, iban a garantizar su liberación y su seguridad, y también iban a dar vitalidad a la promesa apostólica y hacer que se cumpliera plenamente.

Todo ha de ser santificado y realizado por la Palabra de Dios y la oración. El profundo y ancho río de promesas de Dios se convertirá en un miasma mortal o se perderá en el pantano, si no utilizamos estas promesas mediante la oración y recibimos sus aguas plenas y vivificantes en nuestros corazones.

La promesa del Espíritu Santo a los discípulos fue claramente la «Promesa del Padre», pero solo se realizó después de muchos días de oración continua e importuna. La promesa era clara y definitiva en el sentido de que los discípulos serían investidos de poder desde lo alto, pero como condición para recibir ese poder del Espíritu Santo, se les ordenó «quedaros en la ciudad de Jerusalén hasta que seáis investidos de poder desde lo alto». El cumplimiento de la promesa dependía de la «permanencia». La promesa de esta «investidura de poder» fue asegurada por la oración. La oración la selló con resultados gloriosos. Por eso encontramos escrito: «Estos perseveraban unánimes en oración y ruego con las mujeres». Y es significativo que fue mientras oraban, descansando sus expectativas en la seguridad de la promesa, que el Espíritu Santo cayó sobre ellos y todos fueron «llenos del Espíritu Santo». La promesa y la oración iban de la mano.

Después de que Jesucristo hizo esta promesa grande y definida a Sus discípulos, ascendió a lo alto y se sentó a la diestra de Su Padre de exaltación y poder. Sin embargo, la promesa dada por Él de enviar al Espíritu Santo no se cumplió por Su entronización meramente ni por la promesa solamente ni por el hecho de que el profeta Joel había predicho con raptos transportados el día brillante de la venida del Espíritu. Ni tampoco que la venida del Espíritu fuera la única esperanza de la causa de Dios en este mundo. Todas estas razones omnipotentes y omnipresentes no fueron la causa operativa inmediata de la venida del Espíritu Santo. La solución se encuentra en la actitud de los discípulos. La respuesta está en el hecho de que los discípulos, con las mujeres, pasaron varios días en aquel aposento alto, en oración seria, específica y continuada. Fue la oración la que hizo posible el famoso día de Pentecostés. Y lo mismo que entonces, puede suceder ahora. La oración puede traer un Pentecostés en este día si hay el mismo tipo de oración, porque la promesa no ha agotado su poder y vitalidad. La «promesa del Padre» sigue siendo válida para los discípulos de hoy.

La oración, la oración poderosa, unida, continua y ferviente, durante casi dos semanas, trajo el Espíritu Santo a la Iglesia y al mundo en gloria y poder pentecostales. Y la oración poderosa, continua y unida hará lo mismo ahora.

«Señor Dios, Espíritu Santo,
en esta hora puntual;
como en el día de Pentecostés,
desciende con todo tu poder.
Nos reunimos con un acuerdo,
en nuestro lugar señalado,
y esperamos la promesa de nuestro Senor,
el Espíritu de toda gracia».

Tampoco debe pasarse por alto que las promesas de Dios a los pecadores de toda clase y grado son igualmente seguras y firmes, y se hacen reales y verdaderas por los clamores fervientes de todos los verdaderos penitentes. Es tan cierto que las promesas divinas hechas a los que no son salvos cuando se arrepienten y buscan a Dios se cumplen en respuesta a las oraciones de los pecadores de corazón quebrantado, como que las promesas hechas a los creyentes se cumplen en respuesta a sus oraciones. La promesa de perdón y paz fue la base de las oraciones de Saulo de Tarso durante aquellos días de oscuridad y angustia en la casa de Judas, cuando el Señor le dijo a Ananías para disipar sus temores: «He aquí que él ora».

Isaías vincula la promesa de misericordia y de un perdón abundante con la búsqueda de Dios y el cuidado de Él:

> «Buscad al Señor mientras puede ser hallado, e invocadle mientras está cerca. Que el impío deje su camino y el hombre inicuo sus pensamientos, y vuélvase al Señor, que tendrá misericordia, y a nuestro Dios, que perdonará abundantemente».

El pecador que ora recibe misericordia porque su oración se basa en la promesa de perdón hecha por Aquel cuyo derecho es perdonar a los pecadores culpables. El penitente que busca a Dios obtiene misericordia porque existe una promesa definitiva de misericordia para todos los que buscan al Señor con arrepentimiento y fe. La oración siempre trae perdón al alma que busca. El perdón abundante depende de la promesa hecha realidad por la promesa de Dios al pecador.

Aunque la salvación se promete al que cree, el pecador creyente es siempre un pecador que ora. Dios no tiene ninguna promesa de perdón para un pecador que no ora, así como no tiene ninguna promesa para el profesor de religión que no ora. «He aquí que ora» no solo es el signo infalible de sinceridad y la evidencia de que el pecador está procediendo en el camino correcto para encontrar a Dios, sino que es la profecía infalible de un perdón abundante. Haz que el pecador ore de acuerdo con la promesa divina y entonces estará cerca del reino de Dios. La mejor señal del pródigo que regresa es que confiesa sus pecados y comienza a pedir el lugar más humilde en la casa de su padre.

Es la promesa divina de misericordia, de perdón y de adopción lo que da esperanza al pobre pecador. Esto lo anima a orar. Esto lo mueve en la angustia a gritar: «Jesús, Hijo de David, ten piedad de mí».

«Tu promesa es mi única súplica,
con esto me aventuro a acercarme;
tú llamas hacia Ti al alma agobiada,
y esa, Señor, soy yo».

¡Cuán grandes son las promesas hechas al santo! ¡Cuán grandes son las promesas dadas a los pobres, hambrientos de corazón, pecadores perdidos, arruinados por la caída! Y la oración tiene brazos suficientes para abarcarlas todas y probarlas. ¡Cuán grandes son estas promesas de Dios para alentar a todas las almas! ¡Cuán firme es el terreno sobre el que descansa nuestra fe! ¡Qué estimulantes para la oración! ¡Cuán firme es el fundamento de nuestras súplicas al orar!

«El Señor ha prometido el bien,
su palabra asegura mi esperanza;
Él será mi escudo y mi porción
mientras dure la vida».

IV

La oración: sus posibilidades

«El Espíritu Santo desciende a veces a nuestros corazones en la oración con un rayo del cielo, por el cual vemos más de Dios y de su gloria, y tenemos pensamientos más asombrosos e impresiones ampliadas de Dios, como muchos rayos que se reúnen en uno y caen al centro de nuestros corazones. Por estas bajadas o influjos divinos, Dios se desliza en nuestros corazones por haces de sí mismo. No llegamos a tener comunión con Dios por medio de muchos pensamientos rotos juntos, sino que hay una contracción de muchos haces del cielo, que se derrama en nuestras almas, de modo que sabemos más de Dios y tenemos más comunión con Él en un cuarto de hora de lo que podríamos saber en un año por el camino de la sabiduría solamente».

Thomas Goodwin

¡Cuán vastas son las posibilidades de la oración! ¡Cuán amplio es su alcance! ¡Qué grandes cosas se logran por este medio de gracia divinamente designado! La oración pone su mano sobre Dios Todopoderoso y lo mueve a hacer lo que de otra manera no haría si no se ofreciera la oración. Hace que sucedan cosas que de otro modo nunca ocurrirían. La historia de la oración es la historia de grandes logros. La oración es un poder maravilloso puesto por Dios Todopoderoso en las manos de Sus santos, que puede ser usado para lograr grandes propósitos y alcanzar resultados inusuales. La oración lo alcanza todo y abarca todas las cosas grandes y pequeñas prometidas por Dios a los hijos de los hombres. Los únicos límites de la oración son las promesas de Dios y su capacidad para cumplirlas. «Abre bien tu boca y yo la llenaré».

Los registros de los logros de la oración son alentadores para la fe, alentadores para las expectativas de los santos y una inspiración para todos los que oran y prueban su valor. La oración no es una mera teoría no probada. No es un extraño esquema único, urdido en los cerebros de los hombres y puesto en marcha por ellos, una invención que nunca ha sido probada ni puesta a prueba. La oración es un arreglo divino en el gobierno moral de Dios, diseñado para el beneficio de los hombres y pensado como un medio para promover los intereses de Su causa en la tierra, y llevar a cabo Sus bondadosos propósitos en la redención y la providencia. La oración es prueba de sí misma. Es susceptible de probar su virtud por aquellos que oran. La oración no necesita otra prueba que sus logros. «Si alguno quiere hacer su voluntad, conocerá la doctrina». Si alguno quiere conocer la virtud de la oración, si quiere saber lo que hace, que ore. Que ponga a prueba la oración.

¡Qué amplitud tiene la oración! ¡Qué alturas alcanza! Es la respiración de un alma encendida por Dios y encendida por el hombre. Llega hasta donde llega el Evangelio y es tan amplia, compasiva y orante como lo es ese Evangelio.

¿Cuánto de oración exigen todas estas provincias de la tierra, desposeídas y alienadas, para ser iluminadas, impresionarlas y moverlas hacia Dios y su Hijo Jesucristo? Si los discípulos profesos de Cristo hubieran orado en el pasado como debían hacerlo, los siglos no habrían encontrado a estas provincias todavía atadas en la muerte, en el pecado y en la ignorancia.

¡Ay, cómo la incredulidad de los hombres ha limitado el poder de Dios para obrar por medio de la oración! ¡Qué limitaciones han puesto los discípulos de Jesucristo a la oración con su falta de oración! ¡Cómo la Iglesia, con su negligencia en la oración, ha cercado el Evangelio y cerrado las puertas de acceso!

Las posibilidades de la oración abren puertas para la entrada del Evangelio: «Orad también por nosotros para que Dios nos abra una puerta de expresión». La oración abrió para los Apóstoles puertas de expresión, creó oportunidades e hizo aperturas para predicar el Evangelio. Con la oración se apelaba a Dios, porque Dios era movido por la oración. Dios fue así a hacer Su propia obra de una manera ampliada y por nuevos caminos. La posibilidad de la oración no solo da un gran poder y abre puertas al Evangelio, sino que también da facilidad al Evangelio. La oración hace que el Evangelio vaya rápido y se mueva con gloriosa rapidez. Un Evangelio proyectado por las poderosas energías de la oración no es lento ni perezoso ni aburrido. Se mueve con el poder de Dios, con el resplandor de Dios y con rapidez angélica.

«Hermanos, rogad por nosotros para que la palabra del Señor tenga libre curso y sea glorificada», es la petición del apóstol Pablo, cuya fe llegaba hasta las posibilidades de la oración por la Palabra predicada. El Evangelio avanza con demasiada lentitud, a menudo tímidamente y con pasos débiles. ¿Qué hará que este Evangelio vaya rápidamente como un corredor de carreras? ¿Qué le dará a este Evangelio el esplendor y la gloria divinos y hará que se mueva dignamente ante Dios y ante Cristo? La respuesta está al alcance de la mano. La oración, más oración, mejor oración harán la obra. Este medio de gracia dará rapidez, esplendor y divinidad al Evangelio.

Las posibilidades de la oración alcanzan a todas las cosas. Todo lo que concierne al mayor bienestar del hombre, y todo lo que tiene que ver con los planes y propósitos de Dios respecto a los hombres en la tierra, es objeto de oración. En «todo lo que pidiereis» está comprendido todo lo que nos concierne a nosotros o a los hijos de los hombres y a Dios. Y todo lo que queda fuera de «todo» queda fuera de la oración. ¿Dónde trazaremos las líneas que excluyen o limitan la palabra «todo»? Definidla, buscad y publicad lo que la palabra no incluye. Si «todo» no incluye todas las cosas, entonces añádele la expresión «cualquier cosa». «Si pedís cualquier cosa en mi nombre, yo lo haré».

¡Qué riquezas de gracia, qué bendiciones, espirituales y temporales, qué bien para el tiempo y la eternidad, habrían sido nuestras si hubiéramos aprendido las posibilidades de la oración y nuestra fe hubiera acogido la amplia gama de las promesas divinas que nos hacen para responder a la oración! ¡Qué bendiciones para nuestro tiempo y qué progreso para la causa de Dios si hubiéramos aprendido a orar con grandes expectativas! ¿Quién se levantará en esta generación y enseñará a la Iglesia esta lección? Es una lección infantil por su sencillez, pero ¿quién la ha aprendido lo suficientemente bien como para poner la oración a prueba? Es una gran lección por su bien incomparable y universal. Las posibilidades de la oración son indescriptibles, pero la lección de la oración que realiza y está a la altura de estas posibilidades, ¿quién la ha aprendido?

En el discurso de Juan, capítulo quince, nuestro Señor parece relacionar la amistad con Él con la oración, y la elección de sus discípulos parece haber sido con el propósito de que, mediante la oración, dieran mucho fruto.

> «Vosotros sois mis amigos si hacéis todo lo que yo os mando. No me habéis elegido vosotros a mí, sino que yo os he elegido a vosotros y os he ordenado que vayáis y deis fruto, y que vuestro fruto permanezca; para que todo lo que pidáis al Padre en mi nombre, él os lo conceda».

Jesús habla de fruto que da y fruto que permanece, fruto maduro, rico y no marchito, para que la oración alcance todas sus posibilidades a fin de que el Padre pueda dar. Aquí tenemos de nuevo la palabra indefinida e ilimitada «todo», que abarca los derechos y las cosas por las que hemos de orar en las posibilidades de la oración.

Tenemos aún otra declaración de Jesús:

> «En verdad, en verdad os digo: Todo lo que pidáis al Padre en mi nombre, os lo dará.
> Hasta ahora nada habéis pedido en mi nombre; pedid y recibiréis, para que vuestro gozo sea completo».

He aquí una exhortación muy definida de nuestro Señor a la generosidad en la oración. Nos insta claramente a pedir cosas abundantes y las anuncia con la dignidad y solemnidad que indica el doble amén: «En verdad, en verdad». ¿Por qué estas maravillosas urgencias en esta última conversación grabada y vital de nuestro Señor con Sus discípulos? La respuesta es que nuestro Señor podría prepararlos para la Nueva Dispensación, en la cual la oración iba a tener tan maravillosos resultados, y en la cual la oración iba a ser la principal agencia para conservar y hacer agresivo Su Evangelio.

En el lenguaje en el que nuestro Señor habla a Sus discípulos acerca de escoger a los que habían de llevar fruto, en esta afluente declaración de nuestro Señor, Él nos enseña claramente que este asunto de orar y llevar fruto no es un asunto insignificante de nuestra elección, o un asunto secundario en relación con otros asuntos, sino que Él nos ha escogido para este mismo asunto de orar. Él tenía especialmente en mente nuestra oración y Él nos escogió por Su propia elección divina, y espera que hagamos esta única cosa de orar y que la hagamos inteligentemente y bien. Porque Él dice antes que nos había hecho Sus amigos y nos había traído a una confianza íntima con Él, y también a la libre y plena relación con Él. El objeto principal de escogernos como discípulos y amigos suyos fue que estuviéramos mejor capacitados para dar el fruto de la oración.

No olvidemos que estamos constatando las posibilidades de los verdaderos orantes. «Cualquier cosa» son las palabras de área y circunferencia. No sabemos hasta dónde llega. Qué tan amplio se extiende, nuestras mentes no pueden descubrirlo. ¿Qué hay que no esté a su alcance? ¿Por qué Jesús repite y agota estas palabras, palabras inclusivas e ilimitadas, si no desea enfatizar la magnificencia ilimitada y la munificencia ilimitable de la oración? ¿Por qué apremia a los hombres a orar, para que nuestra misma pobreza se enriquezca y se asegure nuestra herencia ilimitada mediante la oración?

Afirmamos con absoluta certeza que Dios Todopoderoso responde a la oración. Las inmensas posibilidades y la urgente necesidad de la oración residen en este hecho estupendo de que Dios escucha y responde a la oración. Y Dios escucha y responde a todas las oraciones. Él oye y responde a toda oración cuando se cumplen las verdaderas condiciones de la oración. O esto es así o no lo es. Si no es así, entonces no hay nada en la oración. Entonces la oración no es más que la recitación de palabras, una mera actuación verbal, una ceremonia vacía. Entonces la oración es un ejercicio totalmente inútil. Pero si lo que hemos dicho es cierto, entonces hay grandes posibilidades en la oración. Entonces tiene un gran alcance y un amplio campo de acción. Entonces es verdad que la oración puede poner su mano sobre Dios Todopoderoso y moverlo a hacer cosas grandes y maravillosas.

Los beneficios, las posibilidades y la necesidad de la oración no son meramente subjetivos, sino que tienen un carácter peculiarmente objetivo. La oración tiene un objetivo definido. La oración tiene en la mira un designio directo. La oración siempre tiene algo específico ante los ojos de la mente. Puede haber algunos beneficios subjetivos que se derivan de la oración, pero esto es totalmente secundario e incidental. La oración siempre se dirige directamente a un objeto y busca obtener un fin deseado. Orar es pedir, buscar y llamar a una puerta para obtener algo que no tenemos, que deseamos y que Dios ha prometido.

La oración es dirigirse directamente a Dios. «En todo sean conocidas vuestras peticiones a Dios». La oración asegura bendiciones y hace mejores a los hombres porque llega al oído de Dios. La oración solo es para el mejoramiento de los hombres cuando ha afectado a Dios y lo ha movido a hacer algo por los hombres. La oración afecta a los hombres porque afecta a Dios. La oración mueve a los hombres porque mueve a Dios a mover a los hombres. La oración influye en los hombres porque influye en Dios para que influya en ellos. La oración mueve la mano que mueve el mundo.

> «Ese poder es la oración, que se eleva a lo alto,
> a través de Jesús hasta el trono;
> y mueve la mano que mueve el mundo,
> para hacer descender la salvación».

Rara vez se han realizado las máximas posibilidades de la oración. Las promesas de Dios son tan grandes para los que oran de verdad, cuando se pone tan plenamente en manos de los orantes, que casi tambalea nuestra fe y nos hace vacilar de asombro. Su promesa de responder y de hacer y dar «todas las cosas», «cualquier cosa», «todo sin excepción» y «todo lo que sea» es tan grande, tan grande, tan excesivamente amplia, que retrocedemos asombrados y nos entregamos al cuestionamiento y a la duda. Nos «tambaleamos ante las promesas por incredulidad». Realmente las promesas de Dios sobre la oración han sido reducidas por nosotros a nuestra poca fe y han sido rebajadas al bajo nivel de nuestras estrechas nociones sobre la capacidad, liberalidad y recursos de Dios. Tengamos siempre presente y no nos permitamos ni por un momento dudar de la afirmación de que Dios dice en serio lo que dice en todas sus promesas. Las promesas de Dios son Su propia palabra. Su veracidad está en juego en ellas. Cuestionarlas es dudar de Su veracidad. Él no puede permitirse ser infiel a Su palabra. «En la esperanza de la vida eterna, que Dios, que no puede mentir, prometió antes del principio del mundo». Sus promesas son para el pueblo llano, y Él quiere hacer por todos los que oran exactamente lo que dice que hará. «Porque fiel es el que prometió».

Desgraciadamente, no nos hemos puesto a orar. Hemos puesto límites al Santo de Israel. La capacidad de orar puede ser asegurada por la gracia y el poder del Espíritu Santo, pero exige un carácter tan esforzado y elevado que es raro para un hombre o una mujer estar en «terreno de oración y en términos suplicantes con Dios». Es tan cierto hoy como lo fue en los días de Elías que «la oración ferviente y eficaz del justo puede mucho». ¿Quién puede decir cuánto sirve tal oración?

Las posibilidades de la oración son las posibilidades de la fe. La oración y la fe son siamesas. Un solo corazón anima a ambas. La fe es siempre oración. La oración es siempre creer. La fe debe tener una lengua con la que hablar. La oración es la lengua de la fe. La fe debe recibir. La oración es la mano de la fe tendida para recibir. La oración debe elevarse y volar. La fe debe dar a la oración las alas para volar y remontarse. La oración debe tener una audiencia con Dios. La fe abre la puerta, y el acceso y la audiencia se dan. La oración pide. La fe pone su mano sobre lo que pide.

El poder omnipotente de Dios es la base de la fe omnipotente y de la oración omnipotente. «Todo es posible para el que cree» y «todas las cosas» le son dadas al que ora. Los decretos de Dios e incluso la muerte ceden fácilmente a la fe y la oración de Ezequías. Cuando la promesa de Dios y la oración del hombre estén unidas por la fe, entonces «nada será imposible». La oración importuna es tan todopoderosa e irresistible que obtiene promesas, o gana donde la perspectiva y la promesa parecen estar en contra. De hecho, la promesa del Nuevo Testamento incluye todas las cosas en el cielo y en la tierra. Dios, por promesa, pone en manos del hombre todas las cosas que posee. La oración y la fe ponen al hombre en posesión de esta herencia ilimitada.

La oración no es indiferente o pequeña. No es un dulce y pequeño privilegio. Es una gran prerrogativa, de gran alcance en sus efectos. La falta de oración conlleva pérdidas que van mucho más allá de la persona que la descuida. La oración no es un mero episodio de la vida cristiana. Más bien, toda la vida es preparación y resultado de la oración. En su condición, la oración es la suma de la religión. La fe no es más que un canal de la oración. La fe le da alas y rapidez. La oración es el pulmón por el que respira la santidad. La oración no es solo el lenguaje de la vida espiritual, sino que constituye su esencia y forma su verdadero carácter.

> «Oh, por una fe que no retroceda
> aunque la presione cualquier enemigo;
> que no tiemble al borde
> de ninguna aflicción terrenal.
> Señor, danos una fe como esta,
> y entonces, venga lo que venga,
> saborearemos aquí la dicha sagrada
> de nuestro hogar eterno».

V

La oración: sus posibilidades (continuación)

«Quien posee el espíritu de la oración tiene el más alto interés en la corte del cielo. Y la única manera de conservarlo es mantenerlo en constante empleo. La apostasía comienza en la cámara de oración. Ningún hombre se apartó jamás de la vida y el poder del cristianismo que continuó constante y fervientemente en oración privada. El que ora sin cesar es probable que se regocije para siempre».

Adam Clarke

Después de una visión general y somera de las posibilidades de la oración, tal como se han expuesto en lo que se ha dicho, es importante descender a los detalles, a los hechos y principios bíblicos con respecto a este gran tema. ¿Cuáles son las posibilidades de la oración divulgadas por la revelación divina? La necesidad de la oración y su ser coexisten con el hombre. La naturaleza, aun antes de una revelación clara y plena, clama en oración. El hombre es, luego la oración es. Dios es, por tanto la oración es. La oración nace de los instintos, de las necesidades, de las apetencias y del ser mismo del hombre.

La oración de Salomón en la dedicación del templo es el producto de la sabiduría y la piedad inspiradas y ofrece una visión lúcida y poderosa de la oración en la amplitud de su alcance, la minuciosidad de sus detalles, sus abundantes posibilidades y su urgente necesidad. ¡Cuán minuciosa y exactamente comprensiva es esta oración! Las bendiciones nacionales e individuales están en ella y el bien temporal y espiritual es abarcado por ella. Los pecados individuales, las calamidades nacionales, los pecados, la enfermedad, el exilio, el hambre, la guerra, la peste, el moho, la sequía, los insectos, los daños a las cosechas, cualquier cosa que afecte a la agricultura, los enemigos, cualquier enfermedad, la propia llaga, la propia culpa, el propio pecado: todos y cada uno están en esta oración, y todos son para orar.

Para todos estos males, la oración es el único remedio universal. La oración pura remedia todos los males, cura todas las enfermedades, alivia todas las situaciones, por funestas, calamitosas, temibles y desesperantes que sean. La oración a Dios, la oración pura, alivia las situaciones calamitosas porque Dios puede aliviar cuando nadie más puede hacerlo. Nada es demasiado difícil para Dios. No hay causa sin esperanza que Dios emprenda. Ningún caso es mortal cuando Dios Todopoderoso es el médico. No hay condiciones desesperantes que puedan disuadir o desafiar a Dios.

Dios Todopoderoso escuchó esta oración de Salomón y se comprometió a emprender, aliviar y remediar si se ora de verdad, a pesar de todas las condiciones adversas e inexorables. Él siempre aliviará, responderá y bendecirá si los hombres oran de corazón y si se entregan a la oración real y verdadera.

Después de que Salomón terminó su oración magnífica, ilimitada y omnisciente, esto es lo que Dios le dijo:

> «Y el Señor se apareció a Salomón de noche y le dijo: "He oído tu oración y he elegido para mí este lugar por casa de sacrificio. Si cierro el cielo para que no llueva, o si ordeno a las langostas que devoren la tierra, o si envío la peste entre el pueblo; si mi pueblo, sobre el cual mi nombre es invocado, se humillare, orare, buscare mi rostro y se convirtiere de sus malos caminos, entonces yo oiré

desde los cielos, perdonaré sus pecados y sanaré su tierra. Ahora mis ojos estarán abiertos y mis oídos atentos a la oración que se haga en este lugar. Porque ahora he elegido y santificado esta casa, para que mi nombre esté allí para siempre"».

Dios no pone ninguna limitación a Su capacidad de salvar a través de la verdadera oración. Ninguna condición desesperada, ninguna acumulación de dificultades y ninguna desesperación en la distancia o en las circunstancias pueden impedir el éxito de la verdadera oración. Las posibilidades de la oración están ligadas a la rectitud infinita y al poder omnipotente de Dios. No hay nada demasiado difícil de hacer para Dios. Dios está empeñado en que si pedimos, recibiremos. Dios no puede negar nada a la fe y a la oración.

«La dificultad sobrepasa todo mi pensamiento,
pero fiel es mi Señor;
no me tambaleo por incredulidad,
porque Dios ha pronunciado la palabra.
Fe, fe poderosa, la promesa ve,
y mira solo a eso;
se ríe de lo imposible,
y grita: "¡Se hará!"».

Las numerosas afirmaciones de la Palabra de Dios exponen plenamente las posibilidades y el gran alcance de la oración. ¡Cuán llenas de patetismo! «Invócame en el día de la angustia; yo te libraré y me glorificarás». De nuevo, lee las palabras alentadoras: «Me invocará y yo le responderé; estaré con él en la angustia; le libraré y le honraré».

¡Cuán diversa es la gama de problemas! ¡Cuán casi infinita es su extensión! ¡Cuán universales y funestas sus condiciones! ¡Cuán desesperantes son sus olas! Sin embargo, el alcance de la oración es tan grande como los problemas, tan universal como la tristeza, tan infinito como el dolor. Y la oración puede aliviar todos estos males que sobrevienen a los hijos de los hombres. No hay lágrima que la oración no pueda enjugar o secar. No hay depresión de ánimo que no pueda aliviar y elevar. No hay desesperación que no pueda disipar.

«Clama a mí y yo te responderé, y te mostraré cosas grandes y difíciles, que tú no conoces». ¡Qué amplias estas palabras del Señor, qué grande la promesa, qué alentadoras para la fe! Realmente desafían la fe del santo. La oración siempre invoca a Dios a nuestro socorro para bendecir y ayudar, y trae maravillosas revelaciones de su poder. ¿Qué imposibilidades hay con Dios? Nómbralas. «Nada es imposible para el Señor», dice Él. Y todas las posibilidades en Dios están en la oración.

Samuel, bajo los Jueces de Israel, ilustrará plenamente la posibilidad y la necesidad de la oración. Él mismo fue el beneficiario de la grandeza de la fe y la oración en una madre que sabía lo que significaba orar. Ana, su madre, era una mujer de una sola pieza, en carácter y en piedad, que no tenía hijos. Esa privación fue una fuente de preocupación, debilidad y dolor. Ella buscó alivio en Dios y oró y derramó su alma ante el Señor. Continuó orando, de hecho, multiplicó sus oraciones hasta tal punto que al viejo Elí le pareció que estaba embriagada, casi fuera de sí en la intensidad de sus súplicas. Era específica en sus oraciones. Quería un hijo. Oraba por un hijo varón.

Y Dios fue específico en su respuesta. Un niño hombre Dios le dio, un hombre en verdad se convirtió. Fue la creación de la oración y creció hasta convertirse en un hombre de oración. Fue un poderoso intercesor, especialmente en las emergencias de la historia del pueblo de Dios. El epítome de su vida y carácter se encuentra en la declaración: «Samuel clamó a Jehová por Israel y Jehová le oyó». La victoria fue completa y Ebenezer fue el memorial de las posibilidades y la necesidad de la oración.

De nuevo, en otra ocasión, Samuel invocó al Señor, y el trueno y la lluvia llegaron fuera de tiempo en la siega del trigo. He aquí algunas declaraciones relativas a este poderoso intercesor, que sabía orar y a quien Dios siempre tuvo en cuenta cuando oraba: «Samuel clamó al Señor toda la noche».

Dice en otra ocasión, dirigiéndose al pueblo del Señor: «Además, en cuanto a mí, Dios me libre pecar contra el Señor dejando de orar por vosotros».

Estas grandes ocasiones muestran cómo este notable gobernante de Israel hizo de la oración un hábito, y que esta fue una característica notable y conspicua de su dispensación. La oración no era un ejercicio extraño para Samuel. Estaba acostumbrado a ella. Tenía el hábito de orar, conocía el camino a Dios y recibía respuestas de Dios. Por medio de él y de su oración, la causa de Dios salió de su condición baja y deprimida, y comenzó un gran avivamiento nacional, del cual David fue uno de sus frutos.

Samuel fue uno de los hombres notables de la Antigua Dispensación que se destacó prominentemente como alguien que tenía gran influencia con Dios en la oración. Dios no podía negarle nada de lo que le pidiera. La oración de Samuel siempre afectaba a Dios y le movía a hacer lo que de otro modo no habría hecho si no hubiera orado. Samuel se destaca como una imagen sorprendente de las posibilidades de la oración. Muestra de manera concluyente los logros de la oración.

Jacob es un ejemplo para todos los tiempos de las fuerzas dominantes y conquistadoras de la oración. Dios vino a él como un antagonista. Agarró a Jacob y lo sacudió como si estuviera abrazado a un enemigo mortal. Jacob, el suplantador engañoso, el comerciante astuto y sin escrúpulos, no tenía ojos para ver a Dios. Sus principios pervertidos, sus extralimitaciones deliberadas y sus malas acciones le habían cegado la vista.

Llegar a Dios, conocer a Dios y conquistar a Dios, esa era la exigencia de esta hora crítica. Jacob estaba solo y toda la noche fue testigo de la intensidad de la lucha, de sus problemas cambiantes y de sus fortunas desviadas, así como de las líneas que retrocedían y avanzaban en el conflicto. Aquí estaba la fuerza de la debilidad, el poder de la desesperación, la energía de la perseverancia, la elevación de la humildad y la victoria de la rendición. La salvación de Jacob provino de las fuerzas que reunió en aquel conflicto que duró toda la noche.

Oró, lloró e importunó hasta que el odio ardiente del corazón de Esaú murió y se ablandó en amor. En Jacob se obró un milagro mayor que en Esaú. Su nombre, su carácter y su destino cambiaron gracias a aquella noche entera de oración. He aquí el registro de los resultados de la lucha de aquella noche de oración: «Como príncipe tienes poder con Dios y con los hombres y has prevalecido». «Por su fuerza tuvo poder con Dios, sí, tuvo poder sobre el ángel y prevaleció».

¡Qué fuerzas hay en la oración importuna! ¡Qué poderosos resultados se obtienen con ella en una noche de lucha en oración! Dios se ve afectado y cambia de actitud, y dos hombres son transformados en carácter y destino.

VI

La oración: sus posibilidades (continuación)

«Satanás no teme otra cosa que la oración. La Iglesia que perdió a su Cristo estaba llena de buenas obras. Las actividades se multiplican para que la meditación sea expulsada y las organizaciones se incrementan para que la oración no tenga oportunidad. Las almas pueden perderse tanto en las buenas obras como en las malas. La única preocupación del diablo es impedir que los santos oren. Nada teme de los estudios sin oración, del trabajo sin oración, de la religión sin oración. Se ríe de nuestro trabajo, se burla de nuestra sabiduría, pero tiembla cuando oramos».

Samuel Chadwick

Las posibilidades de la oración se ven en sus resultados en los asuntos temporales. La oración alcanza a todo lo que concierne al hombre, ya sea su cuerpo, su mente o su alma. La oración abarca las cosas más pequeñas de la vida. La oración abarca las necesidades del cuerpo, la comida, el vestido, los negocios, las finanzas, de hecho, todo lo que pertenece a esta vida, así como las cosas que tienen que ver con los intereses eternos del alma. Sus logros se ven no solo en las grandes cosas de la tierra, sino más especialmente en lo que podría llamarse las pequeñas cosas de la vida. No solo logra las cosas grandes, hablando a la manera de los hombres, sino también las pequeñas.

Los asuntos temporales son de orden inferior a los espirituales, pero nos conciernen mucho. Nuestros intereses temporales constituyen una gran parte de nuestra vida. Son la fuente principal de nuestras preocupaciones. Tienen mucho que ver con nuestra religión. Tenemos cuerpos, con sus necesidades, sus dolores, sus discapacidades y sus limitaciones. Lo que concierne a nuestros cuerpos necesariamente compromete nuestras mentes. Estos son temas de oración, y la oración los abarca todos, y grandes son los logros de la oración en este ámbito de nuestro rey.

Nuestros asuntos temporales tienen mucho que ver con nuestra salud y felicidad. Forman nuestras relaciones. Son pruebas de honestidad y pertenecen a la esfera de la justicia y la rectitud. No orar por los asuntos temporales es dejar a Dios fuera de la esfera más amplia de nuestro ser. Quien no puede orar en todo, como nos manda Pablo en el capítulo cuarto de Filipenses, no ha aprendido en ningún sentido verdadero la naturaleza y el valor de la oración. Dejar los negocios y el tiempo fuera de la oración es dejar la religión y la eternidad fuera de ella. Quien no ora sobre asuntos temporales no puede orar con confianza sobre asuntos espirituales. Quien no pone a Dios por medio de la oración en su lucha por el pan de cada día nunca lo pondrá en su lucha por el cielo. Quien no cubre y suple las necesidades del cuerpo mediante la oración nunca cubrirá y suplirá las necesidades de su alma. Tanto el cuerpo como el alma dependen de Dios y la oración no es sino la expresión clamorosa de esa dependencia.

La mujer sirofenicia oró por las cosas de la salud. De hecho, el Antiguo Testamento no es más que el registro de Dios en el trato con su pueblo a través de la cita divina de la oración. Abraham oró para que Sodoma fuera salvada de la destrucción. El siervo de Abraham oró y recibió la dirección de Dios en la elección de una esposa para Isaac. Ana oró y Samuel le fue dado. Elías oró y no llovió durante tres años. Volvió a orar y las nubes dieron lluvia. Ezequías fue salvado de una enfermedad mortal por su oración. La oración de Jacob lo salvó de la venganza de Esaú. La Antigua Biblia es la historia de la oración por las bendiciones temporales, así como por las bendiciones espirituales.

En el Nuevo Testamento tenemos los mismos principios ilustrados y aplicados. La oración en esta sección de la Palabra de Dios cubre todo el reino del bien, tanto temporal como espiritual. Nuestro Señor, en Su oración universal, la oración por la humanidad, en todo clima, en toda época y por toda condición, pone en ella la petición: «Danos hoy nuestro pan de cada día». Esto abarca todos los bienes terrenales necesarios.

En el Sermón de la Montaña, nuestro Señor dedica un párrafo entero al alimento y al vestido, en el que nos advierte contra el cuidado o la ansiedad excesivos por estas cosas y, al mismo tiempo, nos anima a una fe que acepta y reclama todas estas comodidades y necesidades corporales. Y esta enseñanza está en estrecha relación con Sus enseñanzas sobre la oración. El alimento y el vestido se enseñan como temas de oración. Ni por un momento se insinúa siquiera que sean cosas ni demasiado materiales y terrenales para un ejercicio tan espiritual como la oración.

La mujer sirofenicia oró por la salud de su hija. Pedro oró para que Dorcas volviera a la vida. Pablo oró por el padre de Publio, camino de Roma, cuando fue arrojado a la isla por un naufragio, y Dios sanó al hombre que estaba enfermo de fiebre. Instó a los cristianos de Roma a que se esforzaran juntos con él en la oración para que fuera librado de los hombres malos.

Cuando Pedro fue encarcelado por Herodes, la Iglesia se puso a orar para que Pedro fuera liberado de la prisión y Dios honró la oración de estos primeros cristianos. Juan oró para que Gayo «prosperara y gozara de salud, así como prosperó su alma».

El directorio divino en Santiago, capítulo quinto, dice: «Si alguno de vosotros está afligido, que ore. ¿Está alguno enfermo entre vosotros? Que llame a los ancianos de la Iglesia y oren por él».

Pablo, al escribir a los Filipenses, capítulo cuarto, dice: «Por nada estéis afanosos, sino sean conocidas vuestras peticiones delante de Dios en toda oración y ruego, con acción de gracias». Esto provee para toda clase de preocupaciones en los negocios, preocupaciones del hogar, preocupaciones del cuerpo y preocupaciones del alma. Todos deben ser llevados a Dios por la oración y en el trono de la misericordia, nuestras mentes y almas deben ser liberadas de todo lo que nos afecta o causa ansiedad o inquietud. Estas palabras de Pablo están en estrecha relación con lo que dice especialmente de los asuntos temporales: «Pero ahora me regocijo grandemente en el Señor de que al fin haya florecido de nuevo vuestro cuidado de mí, en el cual también teníais cuidado, pero os faltó la oportunidad. No es que hable por necesidad, pues he aprendido a contentarme, cualquiera sea mi estado».

Y Pablo concluye su epístola a estos cristianos con estas palabras, que abarcan tanto las necesidades temporales como las espirituales:

> «Pero mi Dios suplirá todo lo que os falta, conforme a sus riquezas en gloria, por Cristo Jesús».

La incredulidad en la doctrina de que la oración cubre todas las cosas que tienen que ver con el cuerpo y los asuntos de negocios engendra una ansiedad indebida por los asuntos de la tierra, causa preocupaciones innecesarias y crea estados de ánimo muy infelices. ¡Cuántas preocupaciones innecesarias nos ahorraríamos si creyéramos en la oración como el medio de aliviar esas preocupaciones y aprendiéramos el feliz arte de echar todas nuestras preocupaciones en oración sobre Dios, «que cuida de nosotros»! No creer que Dios es alguien que se preocupa incluso de los asuntos más pequeños que afectan a nuestra felicidad y comodidad limita al Santo de Israel y hace que nuestras vidas estén totalmente desprovistas de verdadera felicidad y dulce satisfacción.

En el fracaso de los discípulos para expulsar al demonio del hijo lunático, llevado a ellos por su padre mientras Jesús estaba en el Monte de la Transfiguración, tenemos una lección sugestiva de la unión de la fe, la oración y el ayuno, y el fracaso para alcanzar las posibilidades y obligaciones de una oportunidad. Los discípulos deberían haber expulsado al demonio del muchacho. Habían sido enviados para hacer esta misma obra y facultados por su Señor y Maestro para hacerla. Y, sin embargo, fracasaron rotundamente. Cristo los reprendió con agudos reproches por no haberlo hecho. Habían sido enviados a esta misión muy específica. Esto fue indicado por nuestro Señor cuando los envió. Su fracaso trajo vergüenza y confesión sobre ellos, y descontó a su Señor y Maestro y a Su causa. Lo desprestigiaron a Él y afectaron seriamente la causa que representaban. Su fe para echar fuera al demonio había fracasado rotundamente, simplemente porque no había sido alimentada por la oración y el ayuno. El fracaso en la oración rompió la habilidad de la fe y se produjo porque ellos no tenían la energía de una fuerte fe autoritativa.

La promesa dice, y no podemos referirnos a ella con demasiada frecuencia, pues es la base misma de nuestra fe y el terreno sobre el que nos apoyamos cuando oramos: «Todo lo que pidiereis en oración, creyendo, lo recibiréis». ¿Qué tabla de enumeración puede tabular, desglosar y agregar «todas las cosas»? Las posibilidades de la oración y de la fe llegan hasta la longitud de la cadena sin fin y cubren un área inconmensurable.

En Hebreos, capítulo 11, el escriba sagrado, cansado de tratar de especificar los ejemplos de la fe y de recitar las maravillosas hazañas de la fe, se detiene un momento y luego clama, dándonos logros casi inauditos de la oración y la fe, tal como fueron ejemplificados por los santos de los antiguos. He aquí lo que dice:

> «¿Y qué más diré? Porque me faltaría tiempo para hablar de Gedeón, de Barac, Sansón, de Jefté, de David también; y de Samuel,

y de los profetas; quienes por la fe sometieron reinos, hicieron justicia, obtuvieron promesas, taparon bocas de leones; apagaron la violencia del fuego, escaparon al filo de la espada, en la debilidad se hicieron fuertes, se hicieron valientes en la lucha, pusieron en fuga a ejércitos extranjeros; mujeres resucitaron a sus muertos, y otros fueron torturados, sin aceptar la liberación, para poder obtener una mejor resurrección».

¡Qué historia ilustre! ¡Qué maravillosos logros, llevados a cabo no por ejércitos ni por la fuerza sobrehumana del hombre ni por la magia, sino simplemente por hombres y mujeres que se distinguieron por su fe y su oración! De la mano de estos registros del alcance ilimitado de la fe están los ilustres registros de la oración, porque todos son uno. La fe nunca ha ganado una victoria ni obtenido una corona donde la oración no haya sido el arma de la victoria y donde la oración no haya enjoyado la corona. Si «todo es posible para el que cree», entonces todo es posible para el que ora.

«Confía en él; no puedes fallar;
hazle saber todos tus deseos y anhelos:
no temas; sus méritos deben prevalecer;
pide pero con fe y se hará».

VII

La oración: un amplio abanico

«Nada agrada tanto a Dios en relación con nuestra oración como nuestra alabanza, y nada bendice tanto al hombre que ora como la alabanza que ofrece. Una vez, en China, obtuve una gran bendición en este sentido. Había recibido malas y tristes noticias de casa y profundas sombras habían cubierto mi alma. Recé, pero las tinieblas no desaparecieron. Me esforcé por resistir, pero las tinieblas se hicieron más profundas. Justo entonces fui a una estación del interior y vi en la pared de la casa de la misión estas palabras: "Prueba con Acción de Gracias". Lo hice, y en un momento toda sombra desapareció para no volver. Sí, el salmista tenía razón: "Es bueno dar gracias al Señor"».

Henry W. Frost

Las posibilidades de la oración se miden por la fe en la capacidad de Dios para obrar. La fe es la condición primordial por la que Dios obra. La fe es la condición principal por la que el hombre ora. La fe recurre a Dios en toda su extensión. La fe da carácter a la oración. Una fe débil siempre ha producido una oración débil. Una fe vigorosa crea una oración vigorosa. Al final de una parábola —«Y les dijo una parábola con este fin, que los hombres deben orar siempre, y no desmayar»—, en la cual Él enfatizó la necesidad de orar vigorosamente, Cristo hace esta pregunta punzante: «Cuando el Hijo del Hombre venga, ¿encontrará fe en la tierra?».

En el caso del niño lunático que el padre llevó primero a los discípulos, que no pudieron curarlo, y luego al Señor Jesucristo, el padre gritó con todo el patetismo de una fe que declinaba y de una gran pena: «Si puedes hacer algo por nosotros, ten compasión de nosotros y ayúdanos». Y Jesús le dijo: «Si puedes creer, todo es posible para el que cree». La curación giró en torno a la fe en la capacidad de Cristo para sanar al muchacho. La capacidad de hacer estaba en Cristo esencial y eternamente, pero el hacer lo solicitado dependía de la capacidad de la fe. La gran fe permite a Cristo hacer grandes cosas.

Necesitamos una fe vivificante en el poder de Dios. Hemos cercado a Dios hasta tener poca fe en su poder. Hemos condicionado el ejercicio de Su poder hasta tener un Dios pequeño y una fe pequeña en un Dios pequeño.

La única condición que limita el poder de Dios, y que le impide actuar, es la incredulidad. Él no está limitado en su acción ni restringido por las condiciones que limitan a los hombres.

Las condiciones de tiempo, lugar, cercanía, capacidad y todas las demás que se puedan nombrar, sobre las cuales dependen las acciones de los hombres, no tienen ninguna relación con Dios. Si los hombres miran a Dios y claman a Él con verdadera oración, Él los escuchará y podrá liberarlos, no importa cuán grave sea el estado, cuán irremediables sean sus condiciones.

Es extraño cómo Dios tiene que instruir a su pueblo en su capacidad de hacer. Prometió a Abraham y a Sara que Isaac nacería. Abraham tenía entonces casi cien años y Sara era estéril por defecto natural, y había pasado a una edad estéril y sin útero. Se rio de la idea de tener un hijo por considerarla absurda. Dios le preguntó: «¿Por qué se ríe Sara? ¿Hay algo demasiado difícil para el Señor?». Y Dios cumplió al pie de la letra su promesa a estos ancianos.

Moisés vaciló en emprender el propósito de Dios de liberar a Israel de la esclavitud egipcia, debido a su incapacidad para hablar bien. Dios lo pone inmediatamente en jaque con una pregunta:

> «Y Moisés dijo a Jehová: "Señor mío, no soy elocuente, ni antes ni después que has hablado a tu siervo, sino que soy tardo en el habla y de lengua lenta". Y el Señor le dijo: "¿Quién hizo la boca del hombre, o quién hace al mudo, o al sordo, o al que ve, o al ciego? ¿No soy yo el Señor? Ahora, pues, vete, y yo estaré con tu boca y te enseñaré lo que has de decir"».

Cuando Dios dijo que alimentaría a los hijos de Israel con carne durante todo un mes, Moisés puso en duda su capacidad para hacerlo. El Señor dijo a Moisés: «¿Se ha acortado la mano del Señor? Verás ahora si se cumple o no mi palabra».

Nada es demasiado difícil para el Señor. Como declaró Pablo: «Él es poderoso para hacer todas las cosas mucho más abundantemente de lo que podemos pedir o pensar». La oración tiene que ver con Dios, con Su capacidad de hacer. La posibilidad de la oración es la medida de la capacidad de Dios para hacer.

El «todas las cosas», el «todo lo que» y el «cualquier cosa», están todos cubiertos por la capacidad de Dios. La súplica urgente dice: «Pedid todo lo que queráis», porque Dios es capaz de hacer cualquier cosa y todas las cosas que mis deseos puedan anhelar, y que Él ha prometido. En la capacidad de Dios para hacer, Él va mucho más allá de la capacidad del hombre para pedir. Pensamientos humanos, palabras humanas, imaginaciones humanas, deseos y necesidades humanos no pueden de ninguna manera medir la habilidad de Dios para hacer.

La oración, en sus legítimas posibilidades, se dirige a Dios mismo. La oración sale con fe no solo en la promesa de Dios, sino con fe en Dios mismo y en la capacidad de Dios para hacer. La oración no sale solo de la promesa, sino que «obtiene promesas» y crea promesas.

Elías tuvo la promesa de que Dios enviaría la lluvia, pero no la promesa de que enviaría el fuego. Pero por fe y oración obtuvo el fuego, así como la lluvia, pero el fuego vino primero.

Daniel no tenía ninguna promesa específica de que Dios le daría a conocer el sueño del rey, pero él y sus compañeros se unieron en oración y Dios reveló a Daniel el sueño del rey y la interpretación, y sus vidas fueron salvadas por ello.

Ezequías no tenía ninguna promesa de que Dios lo curaría de la desesperada enfermedad que amenazaba su vida. Por el contrario, la palabra del Señor le llegó por boca del profeta, que debía morir. Sin embargo, oró contra este decreto de Dios Todopoderoso, con fe, y logró obtener una revocación de la palabra de Dios y vivió.

Dios nos maravilla cuando dice por boca de Su profeta: «Así dice el Señor, el Santo de Israel y su Hacedor: Preguntadme de las cosas venideras, de mis hijos y de la obra de mis manos, *pedidme*». Y en esta fuerte promesa en la que se pone en manos de su pueblo orante, apela en ella a su gran poder creador: «Yo he creado la tierra y he hecho al hombre sobre ella. Mis propias manos extendieron los cielos, y a todos sus ejércitos ordené».

La majestad y el poder de Dios al hacer al hombre y al mundo del hombre, y al sostener constantemente todas las cosas, se mantienen siempre ante nosotros como la base de nuestra fe en Dios y como una seguridad y urgencia para la oración. Entonces Dios nos aparta de lo que Él mismo ha hecho y vuelve nuestras mentes a Él personalmente. La gloria y el poder infinitos de su Persona son puestos ante nuestra contemplación: «¿No os acordáis de las cosas pasadas ni pensáis en las cosas antiguas?». Él declara que hará una «cosa nueva», que no tiene que repetirse a sí mismo, que todo lo que ha hecho no limita su hacer ni la manera de hacerlo, y que si tenemos oración y fe, Él responderá de tal manera a nuestras oraciones y obrará de tal manera por nosotros, que su obra anterior no será recordada ni vendrá a nuestra mente. Si los hombres oraran como deben orar, las maravillas del pasado serían más que reproducidas. El Evangelio avanzaría con una facilidad y un poder que nunca ha conocido. Las puertas se abrirían de par en par al Evangelio y la Palabra de Dios tendría una fuerza conquistadora pocas veces vista.

Si los cristianos oraran como deben hacerlo, con fe firme y dominante, con seriedad y sinceridad, los hombres, los hombres llamados por Dios, los hombres capacitados por Dios en todas partes, arderían en deseos de ir y difundir el Evangelio por todo el mundo. La Palabra del Señor correría y sería glorificada como nunca antes se había conocido. Los hombres influenciados por Dios, los hombres inspirados por Dios, los hombres comisionados por Dios irían y encenderían la llama del fuego sagrado por Cristo, la salvación y el cielo, por todas partes en todas las naciones, y pronto todos los hombres oirían las buenas nuevas de la salvación y tendrían la oportunidad de recibir a Jesucristo como su Salvador personal. Leamos otra de esas grandes declaraciones ilimitadas de la Palabra de Dios, que son un desafío directo a la oración y a la fe:

> «El que no escatimó ni a su propio Hijo, sino que lo entregó por todos nosotros, ¿cómo no nos dará con él gratuitamente todas las cosas?».

¡Qué base tenemos aquí para la oración y la fe, ilimitada, sin medida en anchura, profundidad y altura! La promesa de darnos todas las cosas está respaldada por el llamado a recordar el hecho de que Dios dio libremente a su Hijo unigénito para nuestra redención. La entrega de Su Hijo es la seguridad y la garantía de que Él dará gratuitamente todas las cosas al que cree y ora.

¡Qué confianza tenemos en esta declaración divina para pedir inspiradamente! ¡Qué santa audacia tenemos aquí para pedir lo más grande! Ninguna mansedumbre vulgar debe refrenar nuestro pedir más grande. Pedir mucho, cada vez más y más, engrandece la gracia y aumenta la gloria de Dios. Pedir débilmente empobrece al que pide, restringe los propósitos de Dios para el mayor bien y oscurece Su gloria.

¡Cuán entronizada, magnífica y real es la intercesión de nuestro Señor Jesucristo a la derecha de su Padre que está en los cielos! Los beneficios de su intercesión fluyen hacia nosotros a través de nuestras intercesiones. Nuestra intercesión debe captar por contagio, y por necesidad, la inspiración y la amplitud de la grandiosa obra de Cristo a la diestra de Su Padre. Su oficio y Su vida son orar. Nuestro oficio y nuestra vida deben ser orar, y orar sin cesar.

El fracaso de nuestra intercesión afecta a los frutos de Su intercesión. Nuestra oración perezosa, sin corazón, débil e indiferente estropea y obstaculiza los efectos de la oración de Cristo.

VIII

Oración: Hechos e historia

«El valor particular de la oración privada consiste en poder acercarnos a Dios con más libertad y despojarnos de nosotros mismos más plenamente que de cualquier otro modo. Entre nosotros y Dios hay intereses privados y personales, pecados que confesar y necesidades que suplir, que sería impropio revelar al mundo. Este deber se ve reforzado por el ejemplo de los hombres buenos de todas las épocas».

Amos Binney

Las posibilidades de la oración se establecen por los hechos y la historia de la oración. Los hechos son cosas obstinadas. Los hechos son cosas verdaderas. Las teorías pueden ser solo especulaciones. Las opiniones pueden ser totalmente erróneas. Pero los hechos deben ser respetados. No pueden ser ignorados. ¿Cuáles son las posibilidades de la oración juzgadas por los hechos? ¿Cuál es la historia de la oración? ¿Qué nos revela? La oración tiene una historia, escrita en la Palabra de Dios y registrada en las experiencias y vidas de los santos de Dios. La historia es la enseñanza de la verdad a través del ejemplo. Podemos faltar a la verdad pervirtiendo la historia, pero la verdad está en los hechos de la historia.

«Habló con Abraham junto al roble,
llamó a Eliseo desde el arado;

a David lo sacó de los apriscos,
tu día, tu hora de gracia, es ahora».

Dios revela la verdad por los hechos. Dios se revela por los hechos de la historia religiosa. Dios nos enseña Su voluntad por hechos y ejemplos de la historia bíblica. Los hechos de Dios, la Palabra de Dios y la historia de Dios están todos en perfecta armonía y tienen mucho de Dios en todos ellos. Dios ha gobernado al mundo por la oración; y Dios todavía gobierna al mundo por los mismos medios divinamente ordenados.

Las posibilidades de la oración no solo abarcan a los individuos, sino que alcanzan a ciudades y naciones. Abarcan clases y pueblos. La oración de Moisés fue lo único que se interpuso entre la ira de Dios contra los israelitas y su propósito declarado de destruirlos y la ejecución de ese propósito divino, y la nación hebrea aún sobrevivió. A pesar de que Sodoma no se salvó, porque no se podían encontrar diez hombres justos dentro de sus límites, la pequeña ciudad de Zoar se salvó porque Lot oró por ella mientras huía de la tormenta de fuego y azufre que quemó a Sodoma. Nínive se salvó porque el rey y su pueblo se arrepintieron de sus malos caminos y se entregaron a la oración y al ayuno.

Pablo, en su extraordinaria oración del capítulo tercero de Efesios, honra las posibilidades ilimitadas de la oración y glorifica la capacidad de Dios para responder a ella. Al final de esa memorable oración, tan amplia en sus peticiones y que expone la experiencia religiosa más profunda, declara que «Dios es poderoso para hacer todas las cosas mucho más abundantemente de lo que pedimos o entendemos». Hace que la oración lo incluya todo, abarcando todas las cosas, grandes y pequeñas. No hay tiempo ni lugar que la oración no cubra y santifique. Todas las cosas en la tierra y en el cielo, todo para el tiempo y para la eternidad, todo está comprendido en la oración. Nada es demasiado grande ni demasiado pequeño para ser objeto de oración. La oración alcanza hasta las cosas más pequeñas de la vida e incluye las cosas más grandes que nos conciernen.

«Si el dolor aflige o los agravios oprimen,
si las preocupaciones distraen, o los temores consternan;
si la culpa abate o el pecado angustia,
en todos los casos sigue vigilando y orando».

Una de las posibilidades de oración más importantes, de mayor alcance, pacificadora, necesaria y práctica la tenemos en las palabras de Pablo en Filipenses, capítulo cuarto, que tratan de la oración como remedio para los cuidados indebidos:

«Por nada estéis afanosos, sino sean conocidas vuestras peticiones delante de Dios en toda oración y ruego, con acción de gracias. Y la paz de Dios, que sobrepasa todo entendimiento, guardará vuestros corazones y vuestros pensamientos en Cristo Jesús».

Las preocupaciones son el mal epidémico de la humanidad. Su alcance es universal. Pertenecen al hombre en su condición caída. La predisposición a la ansiedad indebida es el resultado natural del pecado. La preocupación viene en todas las formas, en todo momento y de todas las fuentes. Las hay de todas las edades y condiciones. Están los afanes del hogar, de los que no hay escapatoria salvo en la oración. Están los afanes de los negocios, los afanes de la pobreza y los afanes de la riqueza. El nuestro es un mundo ansioso y la nuestra es una carrera ansiosa. La advertencia de Pablo está bien dirigida: «Por nada estéis afanosos». Este es el mandato divino, y para que podamos vivir por encima de la ansiedad y liberados de cuidados indebidos, «en todo, con oración y ruego, sean conocidas vuestras peticiones delante de Dios». Este es el remedio divinamente prescrito para todos los afanes ansiosos, para toda preocupación, para toda inquietud interior.

La palabra «cuidado» significa ser arrastrado en diferentes direcciones, significa distracción, ansiedad, perturbación, molestia en el espíritu. Jesús había advertido contra esto mismo en el Sermón de la Montaña, donde había exhortado encarecidamente a sus discípulos: «No penséis en el día de mañana», en las cosas concernientes a las necesidades del cuerpo. Se esforzaba por mostrarles el verdadero secreto de una mente tranquila, libre de ansiedad y cuidados innecesarios por el alimento y el vestido. Los males de mañana no debían ser considerados. Simplemente estaba enseñando la misma lección que se encuentra en el Salmo 37:3: «Confía en el Señor y haz el bien; así habitarás en la tierra y ciertamente serás alimentado». Al advertir contra los temores de los males futuros de mañana y las necesidades materiales del cuerpo, nuestro Señor estaba enseñando la gran lección de una confianza implícita e infantil en Dios. «Encomienda tu camino al Señor; confía en él, y él lo hará realidad».

«"Día a día", dice la promesa,
fuerza diaria para las necesidades diarias
aleja los temores premonitorios;
toma el maná de hoy».

La instrucción de Pablo es muy específica: «Ten cuidado de nada». Ten cuidado de nada. Ten cuidado por nada, por ninguna condición, casualidad o suceso. No te preocupes por nada que te cree una inquietante ansiedad. Ten una mente libre de toda ansiedad, de toda preocupación, de toda inquietud y de todo desasosiego. Las preocupaciones dividen, distraen, desconciertan y destruyen la unidad, las fuerzas y la tranquilidad de la mente. Las preocupaciones son fatales para la piedad frágil y debilitan la piedad fuerte. ¡Qué gran necesidad hay de guardarse de ellos y aprender el único secreto de su curación, que es la oración!

¡Qué ilimitadas posibilidades hay en la oración para remediar la situación mental de la que habla Pablo! La oración sobre todas las cosas puede aquietar toda distracción, acallar toda ansiedad y levantar toda preocupación de las vidas esclavizadas y de los corazones aturdidos por ella. La oración específica es la cura perfecta para todos los males de este carácter que pertenecen a ansiedades, cuidados y preocupaciones. Solo la oración en todo puede alejar las preocupaciones aburridas, aliviar las cargas innecesarias del corazón y salvar del pecado acosador de preocuparse por cosas que no podemos evitar. Solo la oración puede traer al corazón y a la mente la «paz que sobrepasa todo entendimiento» y mantener la mente y el corazón tranquilos, libres de preocupaciones agobiantes.

¡Oh, las innecesarias cargas del corazón que soportan los cristianos preocupados! ¡Cuán pocos conocen el verdadero secreto de una vida cristiana feliz, llena de paz perfecta, escondida de las tormentas y las olas de una vida preocupada e inquieta! La oración tiene la posibilidad de salvarnos de la «preocupación», la perdición de la vida humana. Pablo, escribiendo a los Corintios, dice: «Os quiero sin preocupaciones», y esta es la voluntad de Dios. La oración tiene la capacidad de hacer esto. «Echando toda vuestra ansiedad sobre él, porque él cuida de vosotros», es la forma en que Pedro lo expresa, mientras que el salmista dice: «No te afanes en modo alguno por hacer el mal». ¡Oh, la bienaventuranza de un corazón aliviado de toda preocupación interior, exento de ansiedad indebida, en el goce de la paz de Dios que sobrepasa todo entendimiento!

El mandato de Pablo, que incluye tanto la promesa como el propósito de Dios y que precede inmediatamente a su súplica de «no tener cuidado de nada», dice así:

> «Alegraos en el Señor siempre, y otra vez digo: Alegraos. Que tu moderación sea conocida por todos los hombres. El Señor está cerca».

En un mundo lleno de preocupaciones de todo tipo, donde la tentación es la regla, donde hay tantas cosas que nos ponen a prueba, ¿cómo es posible alegrarse siempre? Miramos el mandamiento desnudo y seco y lo aceptamos y reverenciamos como la Palabra de Dios, pero no llega la alegría. ¿Cómo vamos a dejar que nuestra moderación, nuestra suavidad y nuestra dulzura sean universalmente y siempre conocidas? Decidimos ser benignos y amables. Recordamos la cercanía del Señor, pero aun así somos precipitados, rápidos, duros y salados. Escuchamos el mandato divino: «Por nada estéis afanosos», y aun así somos ansiosos, agobiados por las preocupaciones, consumidos por ellas y sacudidos por ellas. ¿Cómo podemos cumplir la palabra divina, tan dulce y grande en promesa, tan hermosa a los ojos, y sin embargo tan lejos de realizarse? ¿Cómo podemos disfrutar del rico patrimonio de ser verdaderos, honestos, justos, puros y poseer cosas hermosas? La receta es infalible, el remedio es universal y la cura, perfecta. Se encuentra en las palabras que tantas veces hemos referido aquí de Pablo: «Por nada estéis afanosos, sino sean conocidas vuestras peticiones ante de Dios en toda oración y ruego, con acción de gracias».

Esta experiencia gozosa, despreocupada, pacífica, que lleva al creyente al gozo, viviendo simplemente por la fe día a día, es la voluntad de Dios. Escribiendo a los Tesalonicenses, Pablo les dice: «Alegraos siempre; orad sin cesar y dad gracias en todo, porque esta es la voluntad de Dios para con vosotros en Cristo Jesús». De modo que no solo es la voluntad de Dios que encontremos plena liberación de toda preocupación e indebida ansiedad, sino que Él ha ordenado la oración como el medio por el cual podemos alcanzar ese feliz estado del corazón.

La Versión Revisada introduce algunos cambios en el pasaje de Pablo del que hemos estado hablando. La lectura allí es «En nada os afanéis», y «la paz de Dios guardará vuestros corazones y vuestros pensamientos». Y Pablo pone el antecedente en el aire de la oración, que es «Alegraos siempre en el Señor». Es decir, alégrense siempre en el Señor y sean felices con Él. Y para que así seáis felices, «por nada estéis afanosos». Este regocijo es la puerta para la oración y también su camino. El sol y la alegría del gozo en el Señor son la fuerza y la audacia de la oración, las cimas de su victoria. La moderación es el arcoíris de la oración. La palabra significa suavidad, justicia, dulzura, dulce sensatez. La Versión Revisada la cambia por «paciencia», y el margen dice «mansedumbre» ¡Qué ingredientes tan raros y qué colorantes tan hermosos! Estos son colorantes e ingredientes que hacen un carácter fuerte y hermoso y una reputación amplia y positiva. Un espíritu regocijado y apacible, de reputación positiva, está bien dotado para la oración, libre de las distracciones y el desasosiego de la preocupación.

IX

Oración: Hechos e historia (continuación)

«El descuido de la oración es un gran obstáculo para la santidad. "No tenemos porque no pedimos". ¡Oh, cuán manso y amable, cuán humilde de corazón, cuán lleno de amor tanto a Dios como al hombre podrías haber sido en este día, si tan solo hubieras pedido! Si hubieras continuado en oración. Pide, para que puedas experimentar a fondo y practicar perfectamente la totalidad de esa religión que nuestro Señor ha descrito tan bellamente en el Sermón de la Montaña».

Juan Wesley

Es a la intimidad de la oración a donde Pablo nos dirige. El remedio infalible para todas las preocupaciones y angustias es la oración. El lugar donde el Señor está a mano es la cámara de oración. Allí se le encuentra siempre y allí está a mano para bendecir, librar y ayudar. El único lugar donde la presencia y el poder del Señor se realizarán más plenamente que en cualquier otro lugar es la cámara de oración.

Pablo da los diversos términos de oración, súplica y acción de gracias como complemento de la verdadera oración. El alma debe estar en todos estos ejercicios espirituales. No debe haber ninguna oración a medias, ninguna reducción de su naturaleza y ninguna disminución de su fuerza, si queremos ser liberados de esta ansiedad indebida que causa fricción y angustia interna, y si queremos recibir el rico fruto de esa paz que sobrepasa todo entendimiento. El que ora debe ser un alma ferviente, con todos sus atributos espirituales.

«En todo, sean conocidas vuestras peticiones ante de Dios», dice Pablo. Nada es demasiado grande para ser tratado en la oración, o para ser buscado en la oración. Nada es demasiado pequeño para ser sopesado en los consejos secretos de la cámara de oración y nada es demasiado pequeño para su arbitrio final. Como el cuidado viene de todas las fuentes, así la oración va a todas las fuentes. Así como no hay pequeñeces en la oración, tampoco las hay con Dios. Aquel que cuenta los cabellos de nuestra cabeza, y que no es demasiado altivo y alto para fijarse en el gorrioncillo que cae al suelo, no es demasiado grande y alto para fijarse en todo lo que concierne a la felicidad, a las necesidades y a la seguridad de sus hijos. La oración introduce a Dios en lo que los hombres se complacen en llamar los pequeños asuntos de la vida. La vida de las personas se compone de estos pequeños asuntos y, sin embargo, ¿cuántas veces surgen grandes consecuencias de pequeños comienzos?

> «No hay pena, Señor, demasiado leve
> para no traerla en oración a Ti;
> no hay preocupación demasiado leve
> que no despierte tu compasión.
> No hay suspiro secreto que exhalemos
> que no encuentre Tu Divino oído,
> y toda cruz se hace luz bajo la sombra,
> Señor, de la Tuya».

Así como todo ha de ser puesto en conocimiento de Dios Todopoderoso por medio de la oración, así también se nos asegura que todo lo que nos afecta le concierne a Él. ¡Cuán amplia es esta dirección acerca de la oración! «En todo mediante la oración».

Aquí no hay distinción entre las cosas temporales y las espirituales. Tal distinción va en contra de la fe, la sabiduría y la reverencia. Dios gobierna todo en la naturaleza y en la gracia. El hombre es afectado por el tiempo y la eternidad, tanto por las cosas seculares como por las espirituales. La salvación del hombre depende tanto de sus negocios como de sus oraciones. Los negocios de un hombre dependen de sus oraciones tanto como su diligencia.

Los principales obstáculos a la piedad, las tentaciones más astutas y mortíferas del demonio, están en los negocios y junto a las cosas del tiempo. Las preocupaciones más pesadas, más confusas y aturdidoras están junto a los asuntos seculares y mundanos. Por eso, en todo lo que nos llega y nos concierne, en todo lo que queremos que llegue y en todo lo que no queremos que llegue, hay que hacer oración por todo. La oración bendice todas las cosas, trae todas las cosas, alivia todas las cosas y previene todas las cosas. Todo, así como cada lugar y cada hora, debe ser ordenado por la oración. La oración tiene en sí la posibilidad de afectar a todo lo que nos afecta. He aquí las vastas posibilidades de la oración.

¡Cuánto se endulza lo amargo de la vida con la oración! ¡Cómo se fortalecen los débiles con la oración! La enfermedad huye ante la salud de la oración. Las dudas, los recelos y los temores temblorosos se retiran ante la oración. La sabiduría, la ciencia, la santidad y el cielo están a las órdenes de la oración. Nada está fuera de la oración. Tiene el poder de ganar todas las cosas en la provisión de nuestro Señor Jesucristo. Pablo cubre todos los departamentos y barre todo el campo de las preocupaciones, condiciones y sucesos humanos al decir: «En todo por la oración».

Las súplicas y la acción de gracias deben ir unidas a la oración. No es la dignidad del culto, la belleza de los ceremoniales, la magnificencia de su ritual ni la sencillez de sus sacramentos lo que sirve. No es simplemente el santo y humilde abatimiento del alma ante Dios ni el asombro sin palabras lo que beneficia en este servicio de oración, sino la intensidad del ruego, la mirada y la elevación del alma en ardiente súplica a Dios por las cosas deseadas y por las que se pide.

El resplandor y la gratitud y la expresión de acción de gracias deben estar ahí. No se trata simplemente de la poesía de la alabanza, sino de las palabras profundas y la prosa del agradecimiento. Debe haber un agradecimiento sincero, que recuerde el pasado, vea a Dios en él y exprese ese reconocimiento en una acción de gracias sincera. Las profundidades ocultas deben tener expresión. Los labios deben expresar la música del alma. Un corazón entusiasmado por Dios, un corazón iluminado por su presencia, una vida guiada por su diestra debe tener algo que decir en agradecimiento a Dios. Tal es reconocer a Dios en los acontecimientos de la vida pasada, exaltar a Dios por Su bondad y honrar a Dios, que lo ha honrado.

«Presentad vuestras peticiones a Dios». Las «peticiones» deben darse a conocer a Dios. El silencio no es oración. Orar es pedir a Dios algo que no tenemos, que deseamos y que Él ha prometido dar en respuesta a la oración. La oración es realmente pedir verbalmente. Las palabras están en la oración. Palabras fuertes y verdaderas se encuentran en la oración. Los deseos en la oración se ponen en palabras. El orante es un suplicante. Urge su oración con argumentos, promesas y necesidades.

A veces las palabras en voz alta están en la oración. El salmista dijo: «Tarde, mañana y al mediodía oraré y clamaré en alta voz». El que ora quiere algo que no tiene. Quiere algo que Dios tiene en Su posesión y que puede obtener orando. Está suplicante, desconcertado, oprimido y confuso. Está ante Dios en súplica, en oración y en acción de gracias. Estas son las actitudes, el incienso, la parafernalia y la moda de esta hora, la asistencia a la corte de su alma ante Dios.

«Pedir» significa solicitar para uno mismo. El hombre está en apuros. Necesita algo, y lo necesita con urgencia. Otras ayudas han fracasado. Significa una súplica para que se le dé algo que no se le ha dado. La petición es para el Dador, no solo para Sus dones, sino para Él mismo. Las peticiones del orante deben ser dadas a conocer a Dios. Las peticiones deben ser llevadas al conocimiento de Dios. Es entonces cuando las preocupaciones vuelan lejos, las ansiedades desaparecen, las preocupaciones se van y el alma se tranquiliza. Entonces es cuando entra en el corazón «la paz de Dios que sobrepasa todo entendimiento».

> «¡Paz! Corazón dubitativo, de mi Dios soy,
> que me formó hombre, prohíbe mi temor;
> el Señor me ha llamado por mi nombre;
> el Señor protege, está siempre cerca;
> su sangre por mí derramó una vez,
> y aun Él ama y cuida a los Suyos».

En Santiago, capítulo 5, tenemos otra maravillosa descripción de la oración y sus posibilidades. Tiene que ver con la enfermedad y la salud, el pecado y el perdón, la lluvia y la sequía. Aquí tenemos el directorio de Santiago para orar:

> «¿Está alguno de vosotros afligido? Que rece. ¿Está alguno alegre? Que cante salmos. ¿Hay entre vosotros algún enfermo? Que llame a los ancianos de la Iglesia y que oren por él, ungiéndole con aceite en el nombre del Señor. La oración de fe salvará al enfermo y el Señor lo levantará; y si ha cometido pecados, le serán perdonados. Confesaos vuestras ofensas unos a otros y orad unos por otros, para que seáis sanados. La oración eficaz y ferviente del justo puede mucho. Elías era un hombre sujeto a pasiones semejantes a las nuestras y rogó encarecidamente que no lloviera, y no llovió sobre la tierra por espacio de tres años y seis meses. Y oró de nuevo, y el cielo dio lluvia y la tierra produjo su fruto».

Aquí hay oración por las necesidades propias y oración de intercesión por los demás; oración por las necesidades físicas y oración por las necesidades espirituales; oración por la sequía y oración por la lluvia; oración por los asuntos temporales y oración por las cosas espirituales. ¡Qué vasto es el alcance de la oración! ¡Qué maravillosas son sus posibilidades bajo estas palabras!

Aquí está el remedio para la aflicción y la depresión de todo tipo, y aquí encontramos el remedio para la enfermedad y para la lluvia en tiempo de sequía. Aquí está el camino para obtener el perdón de los pecados. Un golpe de oración paraliza las energías de la naturaleza, detiene sus nubes, la lluvia y el rocío y hace estallar el campo y la granja como el temporal. La oración trae nubes, lluvia y fertilidad a la tierra hambrienta y devastada.

La declaración general, «La oración eficaz y ferviente del justo puede mucho», es una declaración de la oración como una fuerza energética. Se usan dos palabras. Una significa poder en ejercicio, poder operativo, mientras que la otra es poder como dotación. La oración es poder y fuerza, un poder y una fuerza que influyen en Dios, y son sumamente saludables, amplios y maravillosos en sus beneficios de gracia para el hombre. La oración influye en Dios. La capacidad de Dios para obrar en favor del hombre es la medida de la posibilidad de la oración.

«Tú vienes ante un rey,
grandes peticiones traes contigo;
porque su gracia y poder son tales
que nadie puede pedir demasiado».

X

Oración contestada

«En su Libro de bolsillo del soldado, Lord Wolseley dice que si un joven oficial desea ascender, debe ofrecerse voluntario para los deberes más peligrosos y aprovechar todas las oportunidades posibles de arriesgar su vida. Fue un espíritu y un valor como el que demostró al servicio de un buen soldado de Jesucristo llamado John McKenzie, que murió hace unos años. Una noche, cuando era un muchacho ansioso por trabajar en el campo de las misiones extranjeras, se arrodilló al pie de un árbol en el paseo de las damas, a orillas del río Lossie, en Elgin, y elevó esta oración: "Oh, Señor, envíame al lugar más oscuro de la tierra". Y Dios lo escuchó y lo envió a Sudáfrica, donde trabajó muchos años, primero bajo la Sociedad Misionera de Londres y luego bajo el Gobierno Británico, como primer Comisionado Residente entre los nativos de Bechuanalandia».

J. O. Struthers

Es la respuesta a la oración lo que saca a la oración del reino de las cosas secas y muertas, y la convierte en algo vivo y poderoso. Es la respuesta a la oración la que hace que las cosas sucedan, la que cambia la tendencia natural de las cosas y ordena todas las cosas según la voluntad de Dios. Es la respuesta a la oración la que saca a la oración de las regiones del fanatismo y la salva de ser utópica o meramente fantasiosa. Es la respuesta a la oración la que hace de ella un poder para Dios y para el hombre, y hace que la oración sea real y divina. Las oraciones sin respuesta son escuelas de entrenamiento para la incredulidad, una imposición y una molestia, una impertinencia para Dios y para el hombre.

La respuesta a la oración es la única garantía de que hemos orado bien. ¡Qué maravilloso poder tiene la oración! ¡Cuántos milagros hace en este mundo! ¡Qué incalculables beneficios para los hombres asegura a los que oran! ¿Por qué es que la oración promedio por millón se hace de rogar por una respuesta?

Los millones de oraciones sin respuesta no deben ser resueltos por el misterio de la voluntad de Dios. No somos el deporte de Su poder soberano. Él no está jugando a «hacer creer» en sus maravillosas promesas de responder a la oración. Toda la explicación se encuentra en nuestra oración equivocada. «Pedimos y no recibimos porque pedimos mal». Si todas las oraciones no contestadas fueran arrojadas al océano, estarían muy cerca de llenarlo. Hijo de Dios, ¿puedes orar? ¿Tus oraciones son contestadas? Si no, ¿por qué? La oración contestada es la prueba de que oras de verdad.

La eficacia de la oración desde el punto de vista bíblico reside únicamente en la respuesta a la oración. El beneficio de la oración ha sido bien y popularmente maximizado por el dicho: «Mueve el brazo que mueve el universo». Obtener respuestas incuestionables a la oración no solo es importante en cuanto a la satisfacción de nuestros deseos, sino que es la evidencia de nuestra permanencia en Cristo. Es aún más importante. El mero acto de orar no es una prueba de nuestra relación con Dios. El acto de orar puede ser una verdadera actuación muerta. Puede ser la rutina del hábito. Pero orar y recibir respuestas claras, no una o dos veces, sino diariamente, es la prueba segura y el punto de gracia de nuestra conexión vital con Jesucristo.

Lee las palabras de nuestro Señor respecto a este punto: «Si permanecéis en mí y mis palabras permanecen en vosotros, pedid lo que queráis y os será hecho».

Para Dios y para el hombre, la respuesta a la oración es la parte más importante de nuestra oración. La respuesta a la oración, directa e inconfundible, es la prueba de la existencia de Dios. Prueba que Dios vive, que hay un Dios, un ser inteligente que se interesa por sus criaturas y que las escucha cuando se acercan a Él en oración. No hay prueba tan clara y demostrativa de que Dios existe como la oración y su respuesta. Esta fue la súplica de Elías: «Escúchame, Señor, escúchame, para que este pueblo sepa que tú eres el Señor Dios».

La respuesta a la oración es la parte de la oración que glorifica a Dios. Las oraciones sin respuesta son oráculos mudos que dejan a los orantes en la oscuridad, la duda y el desconcierto, y que no llevan ninguna convicción al incrédulo. No es el acto o la actitud de orar lo que da eficacia a la oración. No es la abyecta postración del cuerpo ante Dios ni la vehemente o tranquila expresión a Dios ni la exquisita belleza y poesía de la dicción de nuestras oraciones lo que logra el asunto. No es el maravilloso despliegue de argumentos y elocuencia al orar lo que hace eficaz la oración. Ni una ni todas estas cosas son las que glorifican a Dios. Es la respuesta la que trae gloria a Su Nombre.

Elías podría haber orado en las cumbres del Carmelo hasta el día de hoy con todo el fuego y la energía de su alma, y si no hubiera recibido respuesta, Dios no se habría glorificado. Pedro podría haberse encerrado con el cadáver de Dorcas hasta morir de rodillas, y si no hubiera habido respuesta, no habría habido gloria para Dios ni bien para el hombre, sino solo duda, pesadumbre y consternación.

La respuesta a la oración es la prueba convincente de nuestras correctas relaciones con Dios. Jesús dijo ante la tumba de Lázaro: «Padre, te doy gracias porque me has escuchado. Y yo sabía que tú me oyes siempre, pero por causa del pueblo que está junto a mí lo dije, para que crean que tú me has enviado».

La respuesta a su oración fue la prueba de la misión que Dios le encomendó, como la respuesta a la oración de Elías fue dirigida a la mujer cuyo hijo él resucitó. Ella dijo: «Ahora sé que eres un hombre de Dios». Está en lo más alto del favor de Dios quien tiene el acceso más rápido y el mayor número de respuestas a la oración del Dios Todopoderoso.

La oración asciende a Dios por una ley invariable, incluso por algo más que la ley, por la voluntad, la promesa y la presencia de un Dios personal. La respuesta vuelve a la tierra por toda la promesa, la verdad, el poder y el amor de Dios.

No preocuparse por la respuesta a la oración es no orar. Qué mundo de desperdicio hay en orar. ¡Qué miríadas de oraciones se han ofrecido por las que no se obtiene respuesta ni se ansía respuesta ni se espera respuesta! Hemos estado alimentando una fe falsa y ocultando la vergüenza de nuestra pérdida e incapacidad para orar, con la falsa y reconfortante idea de que Dios no responde directa u objetivamente, sino indirecta y subjetivamente. Nos hemos persuadido a nosotros mismos de que, mediante una especie de abracadabra de cuyo proceso y resultados somos totalmente inconscientes, hemos mejorado. Conscientes de que Dios no nos ha respondido directamente, nos hemos solazado con la unción ilusoria de que Dios, de alguna manera impalpable y con resultados desconocidos, nos ha dado algo mejor. O hemos consolado y alimentado nuestra pereza espiritual diciendo que no es voluntad de Dios dárnoslo. La fe enseña a los orantes de Dios que es voluntad de Dios responder a la oración. Dios responde a todas las oraciones y a cada oración de Sus verdaderos hijos, que oran de verdad.

> «La oración hace que la nube oscurecida se retire,
> la oración sube la escalera que vio Jacob;
> da ejercicio a la fe y al amor,
> trae toda bendición desde lo alto».

En las Escrituras siempre se hace hincapié en la respuesta a la oración. Todas las cosas de Dios se dan en respuesta a la oración. Dios mismo, Su presencia, Sus dones y Su gracia, todos y cada uno, son asegurados por la oración. El medio por el cual Dios se comunica con los hombres es la oración. Lo más real de la oración, su fin esencial, es la respuesta que obtiene. La mera repetición de palabras en la oración, el recuento de cuentas, la multiplicación de meras palabras de oración, como obras de supererogación, como si hubiera virtud en el número de oraciones que sirven, es un vano engaño, una cosa vacía, un servicio inútil. La oración busca directamente obtener una respuesta. Este es su propósito. No tiene otro fin.

La comunión con Dios, por supuesto, está en la oración. Allí hay una dulce comunión con nuestro Dios a través de Su Espíritu Santo. El gozo de Dios es dulce, rico y fuerte en la oración. Las gracias del Espíritu en el alma interior son nutridas por la oración, mantenidas vivas y promovidas en su crecimiento por este ejercicio espiritual. Pero ni uno ni todos estos beneficios de la oración tienen en sí su fin esencial. El canal divinamente designado a través del cual todo bien y toda gracia fluyen a nuestras almas y cuerpos es la oración.

> «La oración está destinada a transmitir
> las bendiciones que Dios quiere dar».

La oración está divinamente ordenada como el medio por el cual son ganados todos los bienes temporales y espirituales. La oración no es un fin en sí mismo. No es algo hecho para descansar, algo que hemos hecho, por lo que debamos felicitarnos a nosotros mismos. Es un medio para un fin. Es algo que hacemos para obtener algo a cambio, sin lo cual la oración carece de valor. La oración siempre tiene como objetivo obtener una respuesta.

Somos ricos y fuertes, buenos y santos, benéficos y benignos, por la respuesta a la oración. No es la mera ejecución ni la actitud ni las palabras de la oración lo que nos trae beneficio, sino que es la respuesta enviada directamente desde el cielo. Las respuestas conscientes y reales a la oración traen un bien real. No se trata de orar solo para uno mismo o simplemente con fines egoístas. El carácter egoísta no puede existir cuando se cumplen las condiciones de la oración.

La naturaleza humana se enriquece con las oraciones escuchadas. La oración contestada nos pone en comunión constante y consciente con Dios, despierta y engrandece la gratitud y excita la melodía y la elevada inspiración de la alabanza. La oración contestada es la marca de Dios en nuestra oración. Es el intercambio con el cielo y establece y realiza una relación con lo invisible. Entregamos nuestras oraciones a cambio de la bendición divina. Dios acepta nuestras oraciones a través de la sangre expiatoria y se da a Sí mismo, Su presencia y Su gracia a cambio. Todos los afectos santos se ven afectados por las oraciones contestadas. Por las respuestas a la oración maduran todos los principios santos, y la fe, el amor y la esperanza tienen su enriquecimiento por la oración contestada. La respuesta se encuentra en toda oración verdadera. La respuesta está en la oración fuertemente como un objetivo, un deseo expresado, y su expectativa y realización dan importunidad y realización a la oración. Es el hecho de la respuesta lo que hace la oración y lo que entra en su propio ser. No buscar respuesta a la oración quita el deseo, el objetivo y el corazón a la oración. Convierte la oración en algo muerto y estéril, solo apto para ídolos mudos. Es la respuesta lo que lleva la oración a las regiones bíblicas y la convierte en un deseo realizado, una búsqueda, un interés, lo que la reviste de carne y hueso y la convierte en una oración, palpitante con toda la verdadera vida de la oración, afluente de todas las relaciones paternales de dar y recibir, de pedir y responder.

Dios tiene todo el bien en Sus manos. Ese bien viene a nosotros a través de nuestro Señor Jesucristo por Sus méritos expiatorios, en Su nombre. El único y solo mandamiento al que pertenecen todos los demás de su clase es «Pedid, buscad, llamad». Y la única promesa es su contraparte, su equivalente necesario y sus resultados: «Se os dará, hallaréis, se os abrirá».

Dios está tan involucrado en la oración y en su escucha y respuesta, que todos sus atributos y todo su ser están centrados en ese gran hecho. Lo distingue como peculiarmente benéfico, maravillosamente bueno y poderosamente atractivo en Su naturaleza. «¡Tú que oyes la oración! A ti vendrá toda carne».

«Fieles, oh Señor, Tus misericordias son,
una roca que no puede moverse;
mil promesas declaran
la constancia de tu amor».

No solo la Palabra de Dios es garantía de la respuesta a la oración, sino que todos los atributos de Dios conspiran para el mismo fin. La veracidad de Dios está en juego en los compromisos de responder a la oración. Están en juego su sabiduría, su veracidad y su bondad. La infinita e inflexible rectitud de Dios está comprometida con el gran fin de responder a las oraciones de aquellos que Lo invocan en tiempos de necesidad. La justicia y la misericordia se funden para asegurar la respuesta a la oración. Es significativo que la propia justicia de Dios entre en juego y se mantenga firme junto a la fidelidad de Dios en la firme promesa que Dios hace del perdón de los pecados y de la limpieza de las contaminaciones del pecado: «Si confesamos nuestros pecados, él es fiel y justo para perdonarlos y limpiarnos de toda maldad».

La relación real de Dios con el hombre, con toda su autoridad, se une a la relación paterna y con toda su ternura para asegurar la respuesta a la oración.

Nuestro Señor Jesucristo está plenamente comprometido con la respuesta a la oración. «Todo lo que pidiereis en mi nombre, eso haré, para que el Padre sea glorificado en el Hijo». ¡Qué bien asegurada está la respuesta a la oración, cuando esa respuesta es glorificar a Dios Padre! Y ¡cuán ansioso está Jesucristo de glorificar a Su Padre celestial! Tan ansioso está de responder a la oración que siempre y en todas partes trae al Padre, que ninguna oración ofrecida en Su nombre es negada o pasada por alto por Él. Nuestro Señor Jesucristo dice de nuevo, dando nueva seguridad a nuestra fe: «Si pedís algo en mi nombre, yo lo haré». Así dice Él una vez más: «Pedid lo que queráis y os será hecho».

«Ven, alma mía, prepara tu traje,
a Jesús le encanta responder a la oración;
él mismo te ha mandado orar,
por eso no te dirá que no».

XI

Oración contestada (continuación)

«Obligado en la hora más oscura a confesar humildemente que sin la ayuda de Dios estaba desamparado, hice voto en la soledad del bosque de que confesaría Su ayuda ante los hombres. Un silencio como de muerte me rodeaba; era medianoche, estaba debilitado por la enfermedad, postrado por la fatiga y agotado por la ansiedad por mis compañeros blancos y negros, cuyo destino era un misterio. En esta angustia física y mental rogué a Dios que me devolviera a mi gente. Nueve horas más tarde estábamos exultantes de alegría. A la vista de todos estaba la bandera carmesí con la media luna y bajo sus ondeantes pliegues estaba la columna de retaguardia perdida hacía mucho tiempo».

Henry M. Stanley

Dios se ha comprometido con nosotros por medio de Su Palabra en nuestra oración. La Palabra de Dios es la base, la inspiración y el corazón de la oración. Jesucristo es la ilustración de la Palabra de Dios, su bien ilimitado tanto en promesa como en realización. Dios no toma nada a medias. No da nada a medias. Podemos tener todo de Él cuando Él tiene todo de nosotros. Sus palabras de promesa son de tan largo alcance y tan comprensivas, que parecen haber paralizado nuestra comprensión y nuestra oración. Esto aparece cuando consideramos esas grandes palabras, cuando Él casi agota el lenguaje humano en promesas, como en «lo que sea», «cualquier cosa», y en el todo inclusivo «todo sin excepción» y «todas las cosas». Estas promesas tan repetidas, tan grandes, parecen aturdirnos y en lugar de dejar que nos muevan a pedir, probar y recibir, nos alejamos llenos de asombro, pero con las manos y el corazón vacíos.

Citamos otro pasaje de la enseñanza de nuestro Señor sobre la oración. Por la verificación más solemne, Él declara lo siguiente:

> «Y en aquel día nada me pediréis. De cierto, de cierto os digo: Todo lo que pidáis al Padre en mi nombre, os lo dará. Hasta ahora nada habéis pedido en mi nombre. Pedid y recibiréis, para que vuestro gozo sea completo».

Dos veces en este pasaje Él da la respuesta, comprometiendo a Su Padre —«Él os la dará»— y declarando del modo más impresionante y sugestivo: «Pedid, y recibiréis». Tan fuerte y tan a menudo Jesús declaró y repitió la respuesta como un incentivo para orar y como un resultado inevitable de la oración, que los Apóstoles consideraron tan plena e invenciblemente establecido que la oración sería contestada, que consideraron como su principal deber instar y ordenar a los hombres que oraran. Tan firmemente estaban en cuanto a la verdad de la ley de la oración establecida por nuestro Señor, que fueron llevados a afirmar que la respuesta a la oración estaba implicada y necesariamente ligada a toda oración correcta. Dios Padre y Jesucristo, su Hijo, están firmemente comprometidos, por toda la verdad de su palabra y por la fidelidad de su carácter, a responder a la oración.

No solo estas y todas las promesas comprometen a Dios Todopoderoso a responder a la oración, sino que nos aseguran que la respuesta será específica y que se dará aquello mismo por lo que oramos.

La enseñanza invariable de Nuestro Señor fue que recibimos aquello por lo que pedimos y obtenemos aquello por lo que buscamos, y se nos abre aquella puerta a la que llamamos. Esto es de acuerdo con la dirección que nuestro Padre Celestial nos da, y lo que nos da por lo que pedimos. Él no nos decepcionará al no responder ni nos negará al darnos alguna otra cosa que no hemos pedido, o al encontrar alguna otra cosa que no hemos buscado, o al abrirnos la puerta equivocada, a la cual no estábamos tocando. Si pedimos pan, Él nos dará pan. Si le pedimos un huevo, nos lo dará. Si pedimos un pescado, Él nos dará un pescado. No algo como el pan, sino el pan mismo nos será dado. No algo como un pescado, sino un pescado nos será dado. No se nos dará el mal en respuesta a la oración, sino el bien.

Los padres terrenales, aunque malvados por naturaleza, dan por pedir y responden al clamor de sus hijos. El estímulo a la oración se transfiere de nuestro padre terrenal a nuestro Padre Celestial, de lo malo a lo bueno, a lo supremamente bueno; de lo débil a lo omnipotente, nuestro Padre Celestial, centrando en Sí mismo todas las concepciones más elevadas de la Paternidad, más hábil, más listo y mucho más que el mejor y mucho más que el más hábil padre terrenal. «¿Quién sabe cuánto más?». Mucho más que nuestro padre terrenal, Él suplirá todas nuestras necesidades, nos dará todas las cosas buenas, y nos capacitará para cumplir todo deber difícil y cumplir toda ley, aunque dura para la carne y la sangre, pero hecha fácil bajo el pleno suministro de la ayuda benéfica e inagotable de nuestro Padre.

Aquí tenemos más que una insinuación de la necesidad no solo de la perseverancia en la oración, sino de las etapas progresivas de la intención y el esfuerzo en el desembolso de la creciente fuerza espiritual. Pedir, buscar y llamar. Aquí hay una escala ascendente desde las meras palabras de pedir, hasta una actitud establecida de buscar, que resulta en un decidido, clamoroso y vigoroso esfuerzo directo de orar.

Así como Dios nos ha ordenado orar siempre, orar en todas partes y orar en todo, Él responderá siempre, en todas partes y en todo.

Dios se ha comprometido de forma clara y directa a responder a la oración. Si cumplimos las condiciones de la oración, la respuesta está destinada a llegar. Las leyes de la naturaleza no son tan invariables e inexorables como la respuesta prometida a la oración. Las ordenanzas de la naturaleza pueden fallar, pero las ordenanzas de la gracia nunca pueden fallar. No hay limitaciones ni condiciones adversas ni debilidad ni incapacidad que puedan o vayan a impedir la respuesta a la oración. Lo que Dios hace por nosotros cuando oramos no tiene limitaciones, no está cercado por salvedades en Él mismo o en las circunstancias peculiares de cualquier caso particular. Si oramos de verdad, Dios domina y desafía todas las cosas y está por encima de todas las condiciones.

Dios dice explícitamente: «Clama a mí y yo te responderé». No hay limitaciones ni vallas ni impedimentos para que Dios cumpla la promesa. Su palabra está en juego. Su palabra está involucrada. Dios se compromete solemnemente a responder a la oración. El hombre debe esperar la respuesta, estar inspirado por la expectativa de la respuesta, y puede con humilde audacia exigir la respuesta. Dios, que no puede mentir, está obligado a responder. Se ha puesto voluntariamente en la obligación de responder a la oración de quien ora de verdad.

> «A Dios todas tus necesidades
> exponlas en oración instantánea;
> ora siempre; ora, y nunca desmayes;
> ora, sin cesar, ora.
> En compañía, o solo,
> acércate a Dios con fe;
> acércate a Sus atrios, implora ante Su trono,
> con todo el poder de la oración».

Los profetas y los hombres de Dios de los tiempos del Antiguo Testamento tenían una fe inquebrantable en la certeza absoluta de que Dios cumpliría las promesas que les había hecho. Descansaban con seguridad en la palabra de Dios y no dudaban en absoluto ni de la fidelidad de Dios en responder a la oración ni de su voluntad o capacidad. De modo que su historia está marcada por repetidas peticiones y recibimientos de manos de Dios.

Lo mismo puede decirse de la Iglesia primitiva. Recibieron sin cuestionar la doctrina que su Señor y Maestro había afirmado tan a menudo: la respuesta a la oración era segura. La certeza de la respuesta a la oración era tan clara como verdadera era la Palabra de Dios. La dispensación del Espíritu Santo se inició cuando los discípulos pusieron en práctica esta fe. Cuando Jesús les dijo: «Esperad en Jerusalén hasta que seáis investidos de poder desde lo alto», ellos lo recibieron como una promesa segura de que si obedecían el mandato, ciertamente recibirían el poder divino. Así que oraron durante diez días en el aposento alto y la promesa se cumplió. La respuesta llegó tal como Jesús había dicho.

Así, cuando Pedro y Juan fueron arrestados por curar al hombre que estaba sentado a la hermosa puerta del templo, después de haber sido amenazados por los gobernantes de Jerusalén, fueron puestos en libertad. «Y puestos en libertad, se fueron con los suyos», se fueron con aquellos con los que tenían afinidad, los de ideas semejantes, y no con los hombres del mundo. Creyendo aún en la oración y en su eficacia, se entregaron a la oración, que se registra en el capítulo cuarto de los Hechos. Recitaron algunas cosas al Señor y, «cuando hubieron orado, tembló el lugar donde estaban reunidos y fueron llenos del Espíritu Santo y hablaban la palabra de Dios con denuedo».

Aquí fueron colmados para esta ocasión especial con el Espíritu Santo. La respuesta a la oración respondió a su fe y oración. La plenitud del Espíritu siempre trae audacia. La cura para el miedo frente a las amenazas de los enemigos del Señor es estar lleno del Espíritu. Esto da poder para hablar la palabra del Señor con valentía. Esto da valor y aleja el miedo.

XII

Oración contestada (continuación)

«Un joven había sido llamado al extranjero. No había tenido el hábito de predicar, pero sabía una cosa: cómo prevalecer con Dios; y un día le dijo a un amigo: "No veo cómo Dios puede usarme en el campo. No tengo ningún talento especial". Su amigo le dijo: "Hermano mío, Dios quiere hombres en el campo que sepan orar. Ahora hay demasiados predicadores y muy pocos orantes". Se fue. En su propia habitación, de madrugada, se oyó una voz que lloraba y suplicaba por las almas. Durante todo el día, la puerta cerrada y el silencio que reinaba daban ganas de caminar suavemente, pues un alma luchaba con Dios. Sin embargo, a esta casa acudían almas hambrientas, atraídas por un poder irresistible. Ah, el misterio se había desvelado. En la cámara secreta, alguien suplicaba por las almas perdidas. El Espíritu Santo sabía dónde estaban y las enviaba».

J. Hudson Taylor

Esta certeza nos precede. La desplegamos en una pancarta que nunca se bajará ni se doblará: que Dios sí escucha y responde a la oración. Dios siempre ha escuchado y respondido a la oración. Dios siempre escuchará y responderá a la oración. Él es el mismo ayer, hoy y siempre, siempre bendito, siempre adorado. Amén. Él no cambia. Como siempre ha respondido a la oración, así seguirá haciéndolo siempre.

Responder a la oración es la regla universal de Dios. Es Su ley inmutable e irreprensible responder a la oración. Su promesa invariable, específica e inviolable es responder a la oración. Las pocas negaciones a la oración en las Escrituras son las excepciones a la regla general, sugestivas y sorprendentes por su escasez, excepción y énfasis.

Las posibilidades de la oración, por tanto, residen en la gran verdad, ilimitada en su amplitud, insondable en sus profundidades, inagotable en su plenitud, de que Dios responde a cada oración de cada alma verdadera que ora de verdad.

La Palabra de Dios no dice: «Clama a mí y así te adiestrarás en el feliz arte de saber ser rechazado. Pide y aprenderás la dulce paciencia al no obtener nada». Ni mucho menos. Al contrario, es definitiva, clara y positiva: «Pedid y se os dará».

Tenemos este caso entre muchos otros en el Antiguo Testamento:

> «Jabes invocó al Dios de Israel, diciendo: Oh, que me bendigas de veras y ensanches mi término, y que tu mano esté conmigo y que me guardes del mal, para que no me aflija».

Y Dios le concedió de buena gana lo que le había pedido.

Ana, angustiada en el alma porque no tenía hijos y deseando un hijo varón, se dirigió a la casa de oración y oró, y este es el registro que ella hace de la respuesta directa que recibió: «Por este niño oré y el Señor me ha concedido la petición que le pedí».

Las promesas y los propósitos de Dios van directamente al hecho de dar por pedir. La respuesta a nuestras oraciones es el motivo constantemente presentado en las Escrituras para animarnos a orar y para animarnos en este ejercicio espiritual. Tomemos pasajes tan fuertes y claros como estos:

«Clama a mí y yo te responderé».

«Me llamará y yo le responderé».

«Pedid y se os dará. Buscad y hallaréis. Llamad y se os abrirá».

Esta es la ley de la oración de Jesucristo. No dice: «Pedid y se les dará algo». Tampoco dice: «Pide y serás instruido en la piedad». Es que cuando pides, la misma cosa pedida te será dada. Jesús no dice: «Golpea y alguna puerta se abrirá», sino que la misma puerta a la que llames se abrirá. Para hacer esto doblemente seguro, Jesucristo duplica y reitera la promesa de la respuesta: «Porque todo el que pide, recibe; y el que busca, halla; y al que llama, se le abrirá».

La oración contestada es el manantial del amor y es el estímulo directo para orar. «Amo al Señor porque ha escuchado mi voz y mis súplicas. Porque ha inclinado a mí su oído, por eso le invocaré mientras viva».

La certeza del don del Padre está asegurada por la relación del Padre y por la capacidad y bondad del Padre. Los padres terrenales, frágiles, enfermos y limitados en bondad y capacidad dan cuando el hijo pide y busca. El corazón de los padres responde fácilmente al clamor por pan. El hambre del niño conmueve y conquista el corazón del padre. Así Dios, nuestro Padre celestial, se conmueve tan fácil y fuertemente por nuestras oraciones como el padre terrenal. «Si vosotros, siendo malos, sabéis dar buenas dádivas a vuestros hijos, ¿cuánto más vuestro Padre que está en los cielos dará buenas dádivas a los que se las pidan?». «Mucho más», tanto más excede la bondad, la ternura y la capacidad de Dios a la del hombre.

Al igual que la petición es específica, la respuesta también lo es. El niño no pide una cosa y recibe otra. No pide pan y recibe una piedra. No pide un huevo y recibe un escorpión. No pide un pez y recibe una serpiente. Cristo exige una petición concreta. Él responde a una oración específica con un don específico.

Dar la misma cosa por la que se oró, y no otra cosa, es fundamental para la ley de oración de Cristo. Ninguna oración para curar ojos ciegos fue respondida por Él curando oídos sordos. Lo que se pide es lo que Él da. Las excepciones confirman esta gran ley de la oración. El que pide pan, pan recibe, y no una piedra. Si pide un pez, recibe un pez, y no una serpiente. Ningún grito es tan suplicante y poderoso como el grito del niño pidiendo pan. Las ansias del hambre, el apetito que siente y la necesidad que siente crean e impulsan el llanto del niño. Nuestras oraciones deben ser tan fervientes, tan necesitadas y hambrientas como el llanto del niño hambriento por pan. Nuestra oración debe ser sencilla, sin artificios, directa y concreta, según la ley de la oración de Cristo y su enseñanza sobre la paternidad de Dios.

La ilustración y la aplicación de la ley de la oración se encuentran en las respuestas concretas dadas a la oración. Getsemaní es la única excepción aparente. La oración de Jesucristo en aquella horrible hora de tinieblas e infierno estuvo condicionada por estas palabras: «Si es posible, pase de mí esta copa». Pero más allá de estas expresiones de nuestro Señor estaba la oración del alma y de la vida de la víctima divina dispuesta y sufriente: «Sin embargo, no sea como yo quiero, sino como tú quieras». La oración fue escuchada, el ángel vino, la fuerza fue impartida y el manso sufriente en silencio bebió la amarga copa.

Además de la oración de nuestro Señor en el Getsemaní, las Escrituras recogen dos casos de oraciones sin respuesta. La primera fue la de David por la vida de su bebé, pero por buenas razones para Dios Todopoderoso la petición no fue concedida. La segunda fue la de Pablo para que le fuera quitada la espina en la carne, que le fue negada. Pero nos vemos obligados a creer que estas deben haber sido notables como excepciones a la regla de Dios, como se ilustra en la historia del profeta, sacerdote, apóstol y santo, como se registra en la Palabra Divina. Debe haber habido razones no reveladas que movieron a Dios a desviarse de Su regla establecida y fija para responder a la oración dando la cosa específica por la que se oró.

Nuestro Señor no retuvo a la mujer sirofenicia en la escuela de la oración sin respuesta para probar y madurar su fe, ni respondió a su oración sanando o salvando a su marido. Ella pidió la curación de su hija y Cristo curó a la hija. Ella recibió la misma cosa que pidió al Señor Jesucristo. Fue en la escuela de la oración contestada donde nuestro Señor disciplinó y perfeccionó su fe, y fue dándole una respuesta específica a su oración. Su oración se centraba en su hija. Ella oró por una cosa, la curación de su hija. Y la respuesta del Señor se centró también en la hija.

Pisamos con demasiada cautela las grandes y preciosas promesas de Dios, y con demasiada frecuencia las ignoramos por completo. La promesa es el fundamento de la fe para pedir a Dios. Esta es la única base de la oración. Limitamos la capacidad de Dios. Medimos la capacidad y la voluntad de Dios de responder a la oración según el criterio de los hombres. Limitamos al Santo de Israel. ¡Cuán llenas de beneficio y remedio para la humanidad que sufre están las promesas que nos da Santiago en su Epístola, capítulo quinto! ¡Cuán personal y mediato hacen a Dios en la oración! Son un desafío directo a nuestra fe. Animan a grandes expectativas en todas las peticiones que hacemos a Dios. La oración afecta a Dios de una manera directa, y tiene como su objetivo y fin moverle. La oración se apodera de Dios y le induce a hacer grandes cosas por nosotros, ya sean personales o no, temporales o espirituales, terrenales o celestiales.

La gran brecha entre las promesas bíblicas a la oración y los ingresos de la oración es casi indeciblemente grande, tanto que es una fuente prolífica de infidelidad. Engendra incredulidad en la oración como una gran fuerza moral y engendra duda realmente en cuanto a la eficacia de la oración. El cristianismo necesita hoy, sobre todas las cosas, hombres y mujeres que puedan poner a Dios a prueba en la oración y que puedan probar sus promesas. Cuando comience este día feliz para el mundo, será el día más brillante de la tierra y será el día del amanecer del cielo en la tierra. Esta es la clase de hombres y mujeres que se necesitan en la Iglesia de hoy. No son hombres educados los que se necesitan para estos tiempos. No es más dinero lo que se necesita. No es más maquinaria, más organización, más leyes eclesiásticas, sino hombres y mujeres que oren, que puedan en la oración asirse de Dios y traerlo a la tierra, y moverlo a apoderarse de los asuntos de la tierra y poner vida y poder en la Iglesia y en toda su maquinaria.

La Iglesia y el mundo tienen gran necesidad de santos que puedan salvar esta gran distancia entre la oración realizada y el pequeño número de respuestas recibidas. Se necesitan santos cuya fe sea lo suficientemente audaz y de largo alcance como para poner a Dios a prueba. El grito llega incluso ahora desde el cielo al pueblo de la Iglesia actual, como sonó en los días de Malaquías: «Pruébame ahora con esto, dice el Señor de los ejércitos». Dios está esperando ser puesto a prueba por Su pueblo en la oración. Él se deleita en ser puesto a prueba en Sus promesas. Es Su mayor placer responder a la oración, probar la fiabilidad de Sus promesas. Nada digno de Dios ni de gran valor para los hombres se logrará hasta que esto se haga.

Nuestro Evangelio pertenece a lo milagroso. Fue proyectado en el plano milagroso. No puede mantenerse sino por lo sobrenatural. Quitad lo sobrenatural de nuestra santa religión y su vida y su poder desaparecen, y degenera en un mero modo de moral. Lo milagroso es el poder divino. La oración tiene este mismo poder. La oración trae este poder divino a las filas de los hombres y lo pone a trabajar. La oración trae a los asuntos de la tierra un elemento sobrenatural. Nuestro Evangelio, cuando se presenta verdaderamente, es el poder de Dios. Nunca estuvo la Iglesia más necesitada de aquellos que pueden y quieren probar al Dios Todopoderoso. Nunca necesitó la Iglesia más que ahora a quienes puedan levantar por doquier memoriales del poder sobrenatural de Dios, memoriales de respuestas a la oración, memoriales de promesas cumplidas. Esto haría más para silenciar al enemigo de las almas, al enemigo de Dios y al adversario de la Iglesia que cualquier esquema moderno o plan actual para el éxito del Evangelio. Tales memoriales erigidos por personas que oran harían enmudecer a los enemigos de Dios, fortalecerían a los santos débiles y llenarían a los santos fuertes de un rapto triunfante.

La fuente más prolífica de infidelidad, y la que traiciona e impide orar, y la que oscurece más eficazmente el ser y la gloria de Dios, es la oración sin respuesta. Mejor es no orar que hacerlo con una forma muerta, que no asegura ninguna respuesta, no da gloria a Dios y no proporciona ningún bien al hombre. Nada ensucia tanto el corazón y nada nos ciega tanto a lo invisible y a lo eterno, como esta clase de oración sin respuesta.

XIII

Milagros de oración

«George Benfield, maquinista del ferrocarril Midland, residente en Derby, estaba de pie sobre el estribo engrasando su máquina, con el tren parado, cuando su pie resbaló y cayó sobre el espacio entre las líneas. Oyó que se acercaba el expreso y solo tuvo tiempo de tumbarse de cuerpo entero en los rieles cuando este llegó, y escapó ileso. Regresó a su casa en mitad de la noche y cuando subía las escaleras oyó a uno de sus hijos, una niña de unos ocho años, que lloraba y sollozaba. "Oh, padre", le dijo, "creí que alguien había venido y me había dicho que te iban a matar y me levanté de la cama y recé para que Dios no te dejara morir". ¿Fue solo un sueño, una coincidencia? George Benfield y otros creyeron que debía su vida a esa oración».

Dean Hole

La carrera terrenal de nuestro Señor Jesucristo no fue un mero episodio, una especie de interludio, en Su vida eterna. Lo que fue y lo que hizo en la tierra no fue anormal ni divergente, sino característico. Lo que fue y lo que hizo en la tierra no son sino la figura y la ilustración de lo que es y de lo que hace en el cielo. Él es «el mismo ayer, y hoy, y por los siglos». Esta declaración es el resumen divino de la unidad eterna y la inmutabilidad de Su carácter. Su vida terrenal consistió en gran parte en escuchar y responder a la oración. Su vida celestial está dedicada al mismo asunto divino. Realmente el Antiguo Testamento es el registro de Dios escuchando y respondiendo a la oración. Toda la Biblia trata en gran parte de este importantísimo tema.

Los milagros de Cristo son lecciones objetivas. Son imágenes vivas. Nos hablan. Tienen manos que nos agarran. Estos milagros nos enseñan muchas lecciones valiosas. En su diversidad, nos refrescan. Nos muestran el poder incomparable de Jesucristo y, al mismo tiempo, nos descubren su maravillosa compasión por la humanidad sufriente. Estos milagros nos revelan su capacidad de diversificar infinitamente sus operaciones. El método de Dios para obrar con el hombre no es el mismo en todos los casos. Él no administra su gracia de manera rígida. Sus movimientos son infinitamente variados. Hay una maravillosa diversidad en sus operaciones. No moldea sus creaciones en el mismo molde. De la misma manera, nuestro Señor no está circunscrito en su obra ni atado por modelos. Él trabaja independientemente. Él es su propio arquitecto. Él provee Sus propios patrones, que tienen una variedad ilimitada.

Cuando consideramos los milagros de nuestro Señor, descubrimos que un buen número de ellos fueron realizados incondicionalmente. Por lo menos, no hubo condiciones que los acompañaran, hasta donde muestra el registro divino. Esta clase de milagros fueron realizados a Su propia instancia, sin que se le pidiera que lo hiciera, con el fin de glorificar a Dios y manifestar Su propia gloria y poder. Muchas de Sus poderosas obras fueron realizadas por Su compasión y por el llamado del sufrimiento y la necesidad, así por el llamado de Su poder. Pero un número de ellas realizadas por Él en respuesta a la oración. Algunas fueron realizadas en respuesta a las oraciones personales de los afligidos. Otras fueron realizadas en respuesta a las oraciones de los amigos de los afligidos. Esos milagros realizados en respuesta a la oración son muy instructivos en los usos de la oración.

En estos milagros condicionales, la fe tiene la primacía y la oración es la vicegerente de la fe. Tenemos una ilustración de la importancia de la fe como la condición en la que se basó el ejercicio del poder de Cristo, o el canal a través del cual fluyó, en el incidente de una visita que hizo a Nazaret con sus resultados, o más bien su falta de resultados. He aquí el relato del caso:

«Y no pudo hacer allí ninguna obra poderosa, sino que puso las manos sobre algunos enfermos y los sanó. Y se maravilló por la incredulidad de ellos».

Aquella gente de Nazaret pudo haber rogado a nuestro Señor que resucitara a sus muertos, o abriera los ojos de los ciegos, o sanara a los leprosos, pero todo fue en vano. La ausencia de fe, por mucho que se muestre, restringe el ejercicio del poder de Dios, paraliza el brazo de Cristo y convierte en muerte todos los signos de vida. La incredulidad es lo único que impide seriamente al Dios Todopoderoso hacer obras poderosas. El registro de Mateo de esta visita a Nazaret dice: «Y no hizo allí ninguna obra poderosa a causa de la incredulidad de ellos». La falta de fe ata las manos del Dios Todopoderoso en su obra entre los hijos de los hombres. La oración a Cristo siempre debe estar basada, respaldada e impregnada de fe.

El milagro de los milagros en la carrera terrenal de nuestro Señor, la resurrección de Lázaro de entre los muertos, fue notable por su acompañamiento de oración. Fue realmente un asunto de oración, algo parecido al asunto entre los profetas de Baal y Elías. No era una oración de ayuda. Era una oración de acción de gracias y de segura confianza. Leámosla:

> «Jesús alzó los ojos y dijo: Padre, te doy gracias porque me has escuchado. Y sé que siempre me oyes. Pero lo dije por la gente allí presente, para que crean que Tú me has enviado».

Era una oración principalmente en beneficio de los que estaban presentes, para que supieran que Dios estaba con Él porque había respondido a sus oraciones y para que la fe en Dios se irradiara en sus corazones.

Las oraciones respondidas son a veces las fuerzas más convincentes y creadoras de fe. Las oraciones sin respuesta enfrían la atmósfera y congelan el suelo de la fe. Si los cristianos supieran orar para obtener respuestas a sus oraciones, respuestas evidentes, inmediatas y demostrativas de Dios, la fe se difundiría más ampliamente, se haría más general, sería más profunda y constituiría una fuerza mucho más poderosa en el mundo.

¡Qué valiosa lección de fe y de oración intercesora nos trae el milagro de la curación del siervo del centurión! La sencillez y la fuerza de la fe de este oficial romano son notables, pues creyó que no era necesario que nuestro Señor fuera directamente a su casa para que se le concediera su petición: «Basta que digas la palabra y mi criado quedará sano». Y nuestro Señor pone su marca sobre la fe de este hombre diciendo: «De cierto os digo que no he hallado tanta fe, ni aun en Israel». La oración de este hombre era la expresión de su fe fuerte, y tal fe trajo la respuesta prontamente.

La misma lección inestimable obtenemos del milagro de oración del caso de la mujer sirofenicia que acudió a nuestro Señor en favor de su hija enferma, haciendo suyo el caso de su hija, suplicando: «Señor, ayúdame». Aquí estaba la importunidad, aferrándose, presionando su caso, negándose a dejarlo ir o a ser negada. Era un buen ejemplo de la oración de intercesión y de sus beneficios. Nuestro Señor aparentemente la contuvo por un tiempo, pero al final cedió y puso Su sello en su fuerte fe: «¡Oh, mujer, grande es tu fe! Hágase contigo como tú quieres». ¡Qué lección sobre la oración por los demás y sus grandes beneficios!

Se podrían nombrar casos individuales, en los que las personas afligidas intercedieron por sí mismas; ilustraciones de cosas maravillosas obradas por nuestro Señor en respuesta a los clamores de los afligidos. Cuando leemos el registro de los evangelistas, las páginas brillan con los milagros de nuestro Señor realizados en respuesta a la oración, mostrando las cosas maravillosas logradas por el uso de este medio de gracia divinamente designado.

Si nos remontamos a los tiempos del Antiguo Testamento, no nos faltan ejemplos de milagros de oración. Los santos de aquellos días conocían bien el poder de la oración para mover a Dios a hacer grandes cosas. Las leyes naturales no se interpusieron en el camino del Dios Todopoderoso cuando Sus orantes apelaron a Él. ¡Qué maravilloso registro es el de Moisés cuando esas plagas sucesivas fueron visitadas sobre Egipto en el esfuerzo de hacer que el Faraón dejara ir a los hijos de Israel para que pudieran servir a Dios! A medida que se sucedían las plagas, el Faraón suplicaba a Moisés: «Ruega al Señor tu Dios que se lleve esta muerte». Y como las plagas mismas eran milagros, la oración las quitaba tan rápidamente como habían sido enviadas por Dios Todopoderoso. La misma mano que envió estas agencias destructoras sobre Egipto fue movida por las oraciones de Su siervo Moisés para quitar estas mismas plagas. Y la eliminación de las plagas en respuesta a la oración fue una muestra tan notable del poder divino como lo fue el envío de las plagas en primera instancia. La remoción en respuesta a la oración haría tanto para mostrar el ser de Dios y Su poder como lo harían las plagas mismas. Eran milagros de la oración.

A lo largo de los días del Antiguo Testamento, vemos estos milagros de oración. Los siervos orantes de Dios no tenían la menor duda de que la oración obraría resultados maravillosos y traería lo sobrenatural a los asuntos de la tierra. Los milagros y la oración iban de la mano. Eran compañeros. Uno era la causa, el otro el efecto. El uno traía a la existencia al otro. El milagro era la prueba de que Dios escuchaba y respondía a la oración. El milagro era la demostración divina de que Dios, que estaba en el cielo, interfería en los asuntos de la tierra, intervenía para ayudar a los hombres y obraba sobrenaturalmente si era necesario para cumplir Sus propósitos en respuesta a la oración.

Pasando a los días de la Iglesia primitiva, encontramos el mismo registro divino de milagros de oración. Pedro recibió la triste noticia de que Dorcas había muerto y que lo buscaban en Jope. Inmediatamente se dirigió hacia allá. Pedro sacó a todos de la habitación, y luego se arrodilló y oró, y con fe dijo: «Tabita, levántate», y ella abrió los ojos y se sentó. La oración de rodillas de parte de Pedro hizo el trabajo. La oración hizo que las cosas sucedieran y salvó a Dorcas para que siguiera trabajando en la tierra.

Pablo se hallaba de guardia en aquel famoso viaje a Roma y había naufragado en una isla. El jefe de la isla era Publio y su anciano padre estaba gravemente enfermo de un flujo sanguinolento. Pablo impuso sus manos sobre el anciano y oró por él, y Dios acudió al rescate y sanó al enfermo. La oración hizo que ocurriera lo deseado. Dios interfirió con las leyes de la naturaleza, suspendiéndolas o dejándolas de lado por un tiempo, y respondió a la oración de este siervo suyo que oraba. Y la respuesta a la oración entre aquellos paganos los convenció de que un poder sobrenatural estaba obrando entre ellos. De hecho, esto era tan cierto que parecían pensar que un ser sobrenatural había venido entre ellos.

Pedro fue encarcelado por Herodes después de haber matado a Santiago con una espada. La joven Iglesia estaba muy preocupada, pero no se desanimó ni se entregó a inquietudes ni preocupaciones innecesarias. Habían aprendido antes de esto de dónde venía su ayuda. Habían aprendido la lección de la oración. Dios había intervenido antes en favor de sus siervos y cuando su causa estaba en juego. «La Iglesia oraba sin cesar a Dios por él». Un ángel de alas veloces acude al rescate y, de forma maravillosa y sobrenatural, libera a Pedro y deja cerradas las puertas de la prisión. Las cerraduras y las puertas de la prisión y un rey hostil no pueden interferir en el camino de Dios Todopoderoso cuando Su pueblo clama en oración a Él. Si es necesario, se obrarán milagros en su favor para cumplir sus promesas y llevar adelante sus planes. Siguiendo este orden, la Palabra de Dios ilustra, amplía y confirma las posibilidades de la oración mediante lo que puede llamarse «milagros de oración».

¡Cuán rápidamente a nuestras estrecheces siguen nuestras ampliaciones! Dios realizó una obra maravillosa a través de Sansón al permitirle con un tosco instrumento, la quijada de un asno, matar a mil hombres, dándole una gran liberación. Poco después sintió una sed anormal y no pudo conseguir agua. Parecía que iba a morir de sed. Dios lo había salvado de las manos de los filisteos. ¿No podía salvarlo también de la sed? Entonces Sansón clamó al Señor, y «Dios abrió un hueco que había en la quijada, y salió agua de allí; y cuando hubo bebido, su espíritu volvió y revivió». Dios podía sacar agua de la mandíbula tan bien como podía darle la victoria a Sansón. Dios podía cambiar lo que había sido mortífero para sus enemigos y hacerlo vivificante para su siervo. Dios puede y obrará un milagro en respuesta a la oración para liberar a sus amigos, antes de obrar uno para destruir a sus enemigos. Sin embargo, hace ambas cosas en respuesta a la oración.

Todas las fuerzas naturales están bajo el control de Dios. Él no creó el mundo y lo sometió a leyes, y luego se retiró de él para labrar su propio destino, sin tener en cuenta el bienestar de Sus criaturas inteligentes. Las leyes naturales son simplemente las leyes de Dios, por las que Él gobierna y regula todas las cosas de la naturaleza. La naturaleza no es más que la sierva de Dios. Dios está por encima de la naturaleza, Dios no es esclavo de la naturaleza. Siendo esto cierto, Dios puede suspender y suspenderá el funcionamiento de las leyes de la naturaleza; puede mantenerlas en suspenso por su mano todopoderosa; puede por el momento dejarlas de lado, para cumplir sus propósitos más elevados en la redención. No es una violación de las leyes de la naturaleza cuando, en respuesta a la oración, Aquel que está por encima de la naturaleza hace de esta su sierva y hace que la naturaleza demore sus planes y propósitos.

Esta es la explicación de aquel maravilloso milagro de oración de los tiempos del Antiguo Testamento, cuando Josué, con la fuerza y el poder del Señor Dios, ordenó al sol y a la luna que se detuvieran para dar tiempo a completar la victoria sobre los enemigos de Israel. ¿Por qué ha de parecer cosa increíble que el Dios de la naturaleza y de la gracia interfiera con sus propias leyes naturales por un corto tiempo en respuesta a la oración y por el bien de su causa? ¿Está Dios atado de pies y manos? ¿Se ha circunscrito de tal modo que no puede aplicar la ley de la oración? ¿Es la ley de la naturaleza superior a la ley de la oración? En absoluto. Él es el Dios de la oración tanto como el Dios de la naturaleza. Tanto la oración como la naturaleza tienen a Dios como su Hacedor, su Gobernante y su Ejecutor. Y la oración es sierva de Dios, tanto como la naturaleza es sierva suya.

La fuerza de la oración en el gobierno de Dios es tan fuerte como cualquier otra fuerza, y todas las fuerzas naturales y de otro tipo deben ceder ante la fuerza de la oración. El sol, la luna y las estrellas están bajo el control de Dios en respuesta a la oración. La lluvia, el sol y la sequía obedecen a Su voluntad. «El fuego y el granizo, la nieve y el vapor, el viento tempestuoso cumplen su palabra». La enfermedad y la salud son gobernadas por Él. Todas, todas las cosas del cielo y de la tierra, están absolutamente bajo el control de Aquel que hizo el cielo y la tierra y que gobierna todas las cosas según Su propia voluntad.

La oración todavía obra milagros entre los hombres y realiza grandes cosas. Es tan cierto ahora como cuando Santiago escribió su epístola: «La oración ferviente y eficaz del justo puede mucho». Y cuando los registros de la eternidad sean leídos a un mundo reunido, entonces se verá cuánto ha obrado la oración en este mundo. Poco se ve ahora de los frutos de la oración comparado con todo lo que ha logrado y está logrando. En el día del juicio, Dios revelará las cosas que se han realizado en este mundo por medio de las oraciones de los santos. Muchos acontecimientos que ahora se toman como algo natural, se verá entonces que ocurrieron gracias a las oraciones del Señor.

La obra de George Muller en Bristol, Inglaterra, fue un milagro del siglo XIX. Habrá que abrir los libros en el gran día del juicio para revelar todo lo que hizo mediante la oración. Su orfanato, en el que se cuidaba y atendía a cientos de niños huérfanos de padre y madre, para cuyo mantenimiento este hombre piadoso nunca pidió dinero a nadie con el que pagar sus gastos corrientes, es una maravilla de los tiempos modernos. Siempre pedía a Dios lo que necesitaba y las respuestas que recibía parecían un registro de los tiempos apostólicos. Oraba por todo y confiaba implícitamente en que Dios supliría todas sus necesidades. Y consta que ni a él ni a los huérfanos les faltó nunca nada bueno.

De un hombre santo que ha hecho tanto por Cristo y la humanidad doliente, se dijo en la tumba sobre él:

> «Oró para que se levantaran las paredes de un hospital y los corazones de las enfermeras. Oró para que nacieran estaciones misioneras y misioneros con fe. Oró para que se abrieran los corazones de los ricos, y el oro de las tierras más lejanas».

Se cita a Lutero diciendo una vez: «El oficio del cristiano es orar». Ciertamente, por una gran razón, el oficio del predicador debe ser orar. Tememos grandemente que muchos predicadores no saben nada de este oficio de orar y, por lo tanto, nunca tienen éxito en este oficio. Se debe servir un severo aprendizaje en el oficio de orar para llegar a ser un jornalero en él. No solo es cierto que hay pocos oficiales trabajando en este oficio de orar, sino que muchos ni siquiera han sido aprendices de la oración. No es de extrañar que logren tan poco. Dios y lo sobrenatural quedan fuera de sus programas.

Muchos no entienden este oficio de orar porque nunca lo han aprendido y por lo tanto no lo practican. Muchos milagros deberían ser obrados por nuestra oración. ¿Por qué no? ¿Está acortado el brazo del Señor como para que no pueda salvar? ¿Es Su oído tan pesado que Él no puede oír? ¿Ha perdido la oración su poder porque abunda la iniquidad y el amor de muchos se ha enfriado? ¿Ha cambiado Dios con respecto a lo que era antes? A todas estas preguntas respondemos con una rotunda negativa. Dios puede hacer milagros hoy en día tan fácilmente orando como lo hizo en los días de antaño. «Yo soy el Señor; no cambio». «¿Hay algo demasiado difícil para el Señor?».

El que hace milagros orando hará ante todo el principal milagro en sí mismo. ¡Oh, entendiéramos bien el oficio cristiano de orar, y siguiéramos el oficio día a día, y así hiciéramos para nosotros una gran riqueza espiritual!

XIV

Maravillas de Dios a través de la oración

«La Sabiduría y la Revelación se distinguen por la Experiencia y la Escritura. Por experiencia. Tómese un entendimiento débil (pero sumamente santo), que tiene poco conocimiento de Dios por medio de la sabiduría discursiva y que pone esto por aquello, y así conoce a Dios. Esa pobre alma es a menudo apenas capaz de hablar sabiamente y sabrá más de Dios en una oración que un gran erudito (aunque también muy santo) ha sabido de Él en toda su vida. Dios a menudo trata así con los débiles que son muy santos; porque si los tales estuvieran cerrados al conocimiento de Dios por medio de una razón santificada, los grandes entendimientos tendrían infinita ventaja de ellos y crecerían poco en gracia y santidad. Por lo tanto, Dios produce una provisión irrumpiendo en sus espíritus por medio de irradiaciones como estas».

Thomas Goodwin

En la temible contienda de este mundo entre Dios y el diablo, entre el bien y el mal y entre el cielo y el infierno, la oración es la fuerza poderosa para vencer a Satanás, dar dominio sobre el pecado y derrotar al infierno. En este terrible conflicto solo se puede contar con líderes que oren. Solo los hombres que oran deben ser puestos al frente. Estos son los únicos capaces de contender con éxito contra todas las fuerzas del mal.

Las «oraciones de todos los santos» son una fuerza perpetua contra todos los poderes de las tinieblas. Estas oraciones son una energía poderosa para vencer al mundo, a la carne y al diablo, y para configurar el destino de los movimientos de Dios, para vencer al mal y obtener la victoria sobre el diablo y todas sus obras. El carácter y la energía de los movimientos de Dios residen en la oración. La victoria ha de llegar al final de la oración.

Las maravillas del poder de Dios han de mantenerse vivas, hacerse reales y presentes, y repetirse solo mediante la oración. Dios no es ahora tan evidente en el mundo, tan todopoderoso en su manifestación como antaño, no porque los milagros hayan desaparecido ni porque Dios haya dejado de obrar, sino porque la oración ha sido despojada de su sencillez, su majestad y su poder. Dios sigue viviendo y los milagros siguen viviendo mientras Dios vive y actúa, pues los milagros son los modos de actuar de Dios. La oración se empequeñece, se marchita y se petrifica cuando la fe en Dios se tambalea por las dudas sobre su capacidad, o por el encogimiento causado por el miedo. Cuando la fe tiene una visión telescópica y lejana de Dios, la oración no obra milagros ni trae maravillas de liberación. Pero cuando Dios es visto por el ojo más cercano y pleno de la fe, la oración hace una historia de maravillas.

Piensa en Dios. Piensa mucho en Él, hasta que Él ensanche y llene el horizonte de la fe. Entonces la oración recibirá su deslumbrante herencia de maravillas. Las maravillas de la oración se ven cuando recordamos que los propósitos de Dios son cambiados por la oración, la venganza de Dios es detenida por la oración y el castigo de Dios es remitido por la oración. Toda la gama del trato de Dios con el hombre se ve afectada por la oración. He aquí una fuerza que debe usarse cada vez más, la de la oración, una fuerza a la que deben someterse todos los acontecimientos de la vida.

«Orar sin cesar», orar en todo y orar en todas partes: estos mandatos de continuidad expresan la energía insomne de la oración, las posibilidades ilimitadas de la oración y su exigente necesidad. La oración lo puede todo. La oración debe hacerlo todo.

> «La oración es la forma más simple de hablar
> que los labios infantiles pueden intentar.
> La oración es la melodía más sublime que alcanza
> a la majestad en lo alto».

Orar es pedir a Dios algo que Él ha prometido. Orar es utilizar los medios divinamente designados para obtener lo que necesitamos y para realizar lo que Dios se propone hacer en la tierra.

> «La oración está destinada a transmitir
> las bendiciones que Dios se propone dar;
> mientras vivan deben orar los cristianos,
> aprender a orar desde el principio de sus vidas».

Y la oración nos trae bendiciones que necesitamos, que solo Dios puede dar y que solo la oración puede transmitirnos.

En su más amplia plenitud, las posibilidades de la oración se encuentran en su naturaleza misma. Este servicio de oración no es un mero rito, una ceremonia por la que pasamos, una especie de representación. Orar es dirigirse a Dios para pedirle algo necesario y deseado. Orar es simplemente pedir a Dios que haga por nosotros lo que nos ha prometido que hará si se lo pedimos. La respuesta es una parte de la oración y es la parte de Dios en ella. El hecho de que Dios haga lo que le pedimos es tan parte de la oración como lo es el pedir. Pedir es la parte del hombre. Dar es la parte de Dios. Orar nos pertenece. La respuesta pertenece a Dios.

El hombre hace la súplica y Dios hace la respuesta. La súplica y la respuesta componen la oración. Dios está más preparado, más dispuesto y ansioso de dar la respuesta que el hombre de dar la petición. Las posibilidades de la oración residen en la capacidad del hombre para pedir grandes cosas y en la capacidad de Dios para dar grandes cosas.

La única condición y limitación de Dios para la oración se encuentra en el carácter del que ora. La medida de nuestra fe y de nuestra oración es la medida de lo que Él nos da. Así como nuestro Señor le dijo al ciego: «Conforme a tu fe te sea dado», lo mismo sucede al orar: «Conforme a la medida de tu petición te sea dado». Dios mide la respuesta según la oración. Él está limitado por la ley de la oración en la medida de las respuestas que da a la oración. Según sea la medida de la oración, así será la respuesta.

Si la persona que ora tiene las características que justifican la oración, entonces las posibilidades son ilimitadas. Estas se declaran como «todas las cosas». Aquí no hay limitación en carácter, clase o condición. El hombre que ora puede orar por cualquier cosa y por todo, y Dios le dará todo y cualquier cosa. Si limitamos a Dios en el pedir, Él será limitado en el dar.

Mirando hacia el futuro, Dios declara en Su Palabra que la maravilla de las maravillas será tan grande en los últimos días que todo lo animado e inanimado será avivado por Su poder:

> «Porque he aquí que yo creo cielos y tierra nuevos; y de lo primero no habrá memoria ni vendrá al pensamiento. Pero alegraos y regocijaos, para siempre, en lo que yo creo; porque he aquí que yo traigo a Jerusalén regocijo y a su pueblo, alegría».

Pero estos días de la obra poderosa de Dios, los días de Su poder magnífico y creador de maravillas, serán días de oración magnífica.

> «Y sucederá que antes de que llamen, responderé, y mientras aún estén hablando, escucharé».

Siempre ha sido así. Los tiempos maravillosos y milagrosos de Dios han sido tiempos de oraciones maravillosas y milagrosas. Lo más grande en la adoración de Dios, según Su propia estimación, es orar. Su servicio principal, su característica distintiva, es la oración:

> «A ellos traeré a mi monte santo y los alegraré en mi casa de oración; sus holocaustos y sus sacrificios serán aceptados sobre mi altar, porque mi casa será llamada casa de oración para todos los pueblos».

Esto era cierto bajo todos los ritos magníficos y el desfile de ceremonias del culto judío. El sacrificio, la ofrenda y la sangre expiatoria debían estar impregnados de oración. El humo del holocausto y del incienso perfumado que llenaba la casa de Dios no debía ser sino la llama de la oración y todos los integrantes del pueblo de Dios debían ser sacerdotes ungidos para ministrar en Su altar de oración. Así que todas las cosas debían hacerse con poderosa oración, porque la poderosa oración era el fruto y la inspiración de la poderosa fe. Pero mucho más cierto es ahora esto, en todos los sentidos, bajo el servicio más sencillo del Evangelio.

El curso de la naturaleza, los movimientos de los planetas y las nubes han cedido a la influencia de la oración, y Dios ha cambiado y controlado el orden del sol y de las estaciones bajo las poderosas energías de la oración. Solo es necesario destacar el notable incidente cuando Josué, a través de este medio divino de oración, hizo que el sol y la luna se detuvieran para que se pudiera dar una victoria más completa a los ejércitos de Israel en la contienda con los ejércitos de los amorreos.

Si creemos en la palabra de Dios, estamos obligados a creer que la oración afecta a Dios, y lo afecta poderosamente; que la oración sirve, y que la oración sirve poderosamente. Hay maravillas en la oración porque hay maravillas en Dios. La oración no tiene influencia talismánica. No es un mero fetiche. No tiene poderes mágicos. Es simplemente dar a conocer nuestras peticiones a Dios por cosas agradables a Su voluntad en el nombre de Cristo. Es simplemente rendir nuestras peticiones a un Padre, que conoce todas las cosas, que tiene el control de todas las cosas y que es capaz de hacer todas las cosas. La oración es ignorancia infinita confiada a la sabiduría de Dios. La oración es la voz de la necesidad que clama a Aquel que es inagotable en recursos. La oración es impotencia que descansa con confianza infantil en la palabra de su Padre celestial. La oración no es más que la expresión verbal del corazón de perfecta confianza en la infinita sabiduría, el poder y las riquezas de Dios Todopoderoso, que ha puesto a nuestras órdenes en la oración todo lo que necesitamos.

La Palabra de Dios nos enseña que todos los resultados de estos tiempos de gracia han de llegar al mundo por medio de la oración. El corazón de Dios parece rebosar de deleite ante la perspectiva de bendecir así a Su pueblo. Por boca del profeta Joel, Dios habla así:

> «No temas, tierra; alégrate y regocíjate, porque el Señor hará grandes cosas.
>
> No temáis, bestias del campo, porque los pastos del desierto brotan, porque el árbol da su fruto, la higuera y la vid dan su fuerza.
>
> Alegraos, pues, hijos de Sion, y regocijaos en el Señor, vuestro Dios, porque él os ha dado la lluvia temprana moderadamente, y hará descender para vosotros la lluvia, la lluvia temprana y la lluvia tardía en el primer mes.
>
> Y los suelos estarán llenos de trigo y las grasas rebosarán de vino y aceite.
>
> Y os devolveré los años que comió la langosta, el gusano cogollero y la oruga, y el gusano palmero, mi gran ejército que envié entre vosotros.

> Y comeréis en abundancia y os saciaréis y alabaréis el nombre del Señor vuestro Dios, que ha hecho maravillas con vosotros; y mi pueblo nunca se avergonzará.
> Y sabréis que yo estoy en medio de Israel y que yo soy el Señor vuestro Dios y ningún otro; y mi pueblo nunca será avergonzado».

¡Qué maravillosas cosas materiales son las que Dios se propone otorgar a Su pueblo! Son maravillosas bendiciones temporales que promete otorgarles. Casi asombran la mente cuando se estudian. Pero Dios no restringe sus grandes bendiciones a las cosas temporales. Mirando a través de los siglos, Él prevé Pentecostés y hace estas grandísimas y preciosas promesas concernientes al derramamiento del Espíritu Santo, siendo estas mismas palabras citadas por Pedro en aquel feliz día de Pentecostés:

> «Y sucederá después que derramaré mi Espíritu sobre toda carne; y vuestros hijos profetizarán, vuestros ancianos soñarán sueños, vuestros jóvenes verán visiones;
> Y también sobre los siervos y sobre las siervas en aquellos días derramaré mi Espíritu.
> Y mostraré prodigios en los cielos y en la tierra, sangre, fuego y columnas de humo; El sol se convertirá en tinieblas y la luna en sangre, antes que venga el día grande y terrible del Señor.
> Y sucederá que todo aquel que invoque el nombre del Señor será liberado; porque en el monte de Sion y en Jerusalén habrá liberación, como ha dicho el Señor, y en el remanente que el Señor llame».

Pero estas maravillosas bendiciones no serán otorgadas al pueblo por un poder soberano ni serán dadas incondicionalmente. El pueblo de Dios debe hacer algo precedente a tan gloriosos resultados. El ayuno y la oración deben desempeñar un papel importante como condiciones para recibir tan grandes bendiciones. Por boca del mismo profeta, Dios habla así:

«Por eso también ahora, dice el Señor, convertíos a mí de todo corazón, con ayuno, llanto y lamentación.
Rasga tu corazón, y no tus vestidos, y vuélvete al Señor, tu Dios, porque él es clemente y misericordioso, lento a la cólera y de gran bondad, y se arrepiente del mal.
¿Quién sabe si se convertirá y se arrepentirá, y dejará tras de una bendición, una ofrenda y una libación para el Señor tu Dios?
Tocad la trompeta en Sion; santificad un ayuno, convocad una asamblea solemne.
Reunid al pueblo; santificad la congregación; congregad a los ancianos; reunid a los niños y a las que amamantan; salga de su cámara el novio, y de su alcoba la novia.
Lloren sacerdotes, ministros del Señor, entre el pórtico y el altar, y digan: Perdona, Señor, a tu pueblo, y no entregues tu heredad al oprobio, para que se enseñoreen de ella los paganos. ¿Por qué han de decir entre el pueblo: "¿Dónde está su Dios?".
Entonces el Señor será celoso por su tierra y se compadecerá de su pueblo.
Sí, el Señor responderá y dirá a su pueblo: He aquí que yo os envío grano, vino y aceite, y os saciaréis de ellos; y nunca más os pondré por oprobio entre las naciones».

La oración llega hasta donde la presencia de Dios. Llega a todas partes porque Dios está en todas partes. Leamos el Salmo 139:1:

«Si subo al cielo, allí estás tú; si hago mi cama en el infierno, allí estás tú.
Si tomo las alas de la mañana y habito en el extremo del mar;
Hasta allí me llevará tu mano y me sostendrá tu diestra».

Esto puede decirse tanto de la oración como del Dios de la oración. Los misterios de la muerte han sido desentrañados por la oración y sus víctimas han sido devueltas a la vida por el poder de la oración, porque Dios tiene dominio sobre la muerte y la oración llega hasta donde Dios reina. Eliseo y Elías invadieron los reinos de la muerte con sus oraciones y afirmaron y establecieron el poder de Dios como el poder de la oración. Pedro, mediante la oración, devuelve la vida a la santa Dorcas para la Iglesia primitiva. Pablo ejerció sin duda el poder de la oración cuando se abalanzó sobre Eutico y lo abrazó, cuando este se cayó de la ventana mientras Pablo predicaba de noche.

Nuestro Señor declaró varias veces explícitamente las posibilidades de largo alcance y la naturaleza ilimitada de la oración como abarcando «todas las cosas». Las condiciones de la oración son exaltadas a una unión personal con Él mismo. Que el éxito de la oración glorificara a Dios era la condición para conseguir obreros de primera calidad y en número suficiente para llevar adelante la obra de Dios en el mundo. La concesión de todas las cosas buenas está condicionada a que se pidan. La concesión del Espíritu Santo a los hijos de Dios se basa en la petición de los hijos de Dios. La voluntad de Dios en la tierra solo puede asegurarse mediante la oración. El pan de cada día se obtiene y santifica por la oración. La reverencia, el perdón de los pecados, la liberación del maligno y la salvación de la tentación están en manos de la oración.

El primer cimiento que Cristo establece como principio básico de Su religión en el Sermón de la Montaña dice así: «Bienaventurados los pobres de espíritu, porque de ellos es el reino de los cielos». Como la oración es consecuencia del sentimiento interior de necesidad, y la oración es la expresión de un espíritu profundamente pobre, es evidente que el «pobre de espíritu» es quien puede orar y quien ora.

La oración es una fuerza tremenda en el mundo. Toma esta imagen de la oración y sus maravillosas posibilidades. La causa de Dios está quieta e inmóvil en la tierra. Un ángel, fuerte e impaciente por servir, espera alrededor del trono de Dios en el cielo, y para mover las cosas en la tierra y dar ímpetu a los movimientos de la causa de Dios en este mundo, reúne todas las oraciones de todos los santos de Dios en todas las épocas, y las pone delante de Dios como Aarón solía aromatizar y endulzarse con el delicioso incienso cuando entraba en el santuario, ante la presencia inmediata de Dios. El ángel impregna todo el aire con esa santa ofrenda de oraciones y luego toma su cuerpo ardiente y lo arroja sobre la tierra.

Nótese el asombroso resultado. «Hubo voces y truenos y relámpagos y un sismo». ¿Qué tremenda fuerza es esta que ha convulsionado así la tierra? La respuesta es que se trata de las «oraciones de los santos», desatadas por el ángel que rodea el trono y está a cargo de esas oraciones. Esta poderosa fuerza es la oración, como el poder de la dinamita más potente de la tierra.

Tomemos otro hecho que muestra las maravillas de la oración obrada por Dios Todopoderoso en respuesta a la oración de su verdadero profeta. La nación del pueblo de Dios era terriblemente apóstata en cabeza, corazón y vida. Un hombre de Dios fue al rey apóstata con el temible mensaje que tanto significaba para la tierra: «No habrá lluvia ni rocío en estos años sino conforme a mi palabra». ¿De dónde viene esta fuerza poderosa que puede detener las nubes, sellar la lluvia y retener el rocío? ¿Quién es el que habla con tanta autoridad? ¿Hay alguna fuerza que pueda hacer esto en la tierra? Solo una, y esa fuerza es la oración, esgrimida en manos de un profeta de Dios que ora. Es el que tiene influencia con Dios y sobre Dios en la oración, el que así se atreve a asumir tal autoridad sobre las fuerzas de la naturaleza. Este hombre, Elías, es diestro en el uso de esa tremenda fuerza. «Y oró Elías fervorosamente y no llovió sobre la tierra en tres años y seis meses».

Pero esto no es todo. Aquel que con la oración podía encerrar las nubes y sellar la lluvia también podía abrir las nubes y desatar la lluvia con el mismo poder de la oración. «Y oró otra vez, y el cielo dio lluvia y la tierra dio su fruto».

Poderoso es el poder de la oración. Maravillosos son sus frutos. Los hombres de oración realizan cosas notables. Muchas son las maravillas de la oración obradas por una mano Todopoderosa. Las evidencias de los logros de la oración casi nos asombran. Desafían nuestra fe. Alientan nuestras expectativas cuando oramos.

De un compendio tan somero como este, obtenemos una visión general de las grandes posibilidades de la oración y de la urgente necesidad de orar. Vemos cómo Dios se pone en manos de quienes oran de verdad. Grandes son las maravillas de la oración porque grande es el Dios que escucha y responde a la oración. Grandes son estas maravillas porque grandes son las ricas promesas hechas por un Dios grande a los que oran.

Hemos visto las amplias posibilidades de la oración y su absoluta e incuestionable necesidad, y también hemos visto que los detalles y elaboraciones anteriores eran necesarios para traer el tema más clara, verdadera y fuertemente ante nuestras mentes. La Iglesia necesita más que nunca convicciones profundas de la gran importancia de la oración en la prosecución de la obra que se le ha encomendado. Hay que orar más y mejor para que la Iglesia pueda llevar a cabo la difícil, delicada y responsable tarea que le ha sido encomendada por su Señor y Maestro. A una Iglesia que no ora le espera la derrota. El éxito es seguro para una Iglesia que ora mucho. El elemento sobrenatural en la Iglesia, sin el cual debe fracasar, solo viene a través de la oración. Una Iglesia llamada por Dios debe dedicar más tiempo a la oración en esta época tan ajetreada y bulliciosa. Debe dedicarse más tiempo a la oración en esta época irreflexiva y tonta de religión superficial. Más corazón y alma deben estar en la oración que se hace si la Iglesia quiere salir en la fuerza de su Señor y realizar las maravillas que son su herencia por promesa divina.

«Oh, Espíritu del Dios vivo,
en toda tu plenitud de gracia,
dondequiera que haya pisado el pie del hombre,
desciende sobre nuestra raza apóstata.
Dad lenguas de fuego y corazones de amor,
para predicar la palabra reconciliadora,
da poder y unción desde lo alto,
dondequiera que se oiga el alegre sonido».

Tal vez convenga dar uno o dos ejemplos de la vida del reverendo Juan Wesley, que muestren algunas muestras notables de poder espiritual. Muchas veces se dice que este hombre notable reunió a su compañía y oró toda la noche, o hasta que el gran poder de Dios vino sobre ellos. Fue en un servicio de noche de vigilia, en Fetter Lane, el 31 de diciembre de 1738, cuando Charles y Juan Wesley, con Whitfield, permanecieron sentados hasta pasada la medianoche cantando y orando. Este es el relato:

«Hacia las tres de la mañana, mientras continuábamos instantáneamente en oración, el poder de Dios vino poderosamente sobre nosotros, de tal manera que muchos gritaron de gran alegría, y muchos cayeron al suelo. En cuanto nos hubimos recobrado un poco de aquel sobrecogimiento y asombro ante la presencia de Su Majestad, prorrumpimos en una sola voz: "¡Te alabamos, oh Dios! Te reconocemos como el Señor"».

En otra ocasión, el Sr. Wesley nos da este relato:

«Después de medianoche, un centenar de nosotros caminamos juntos a casa, cantando, regocijándonos y alabando a Dios».

A menudo este hombre piadoso nos recuerda este detalle: «Continuamos ministrando la Palabra y en oración y alabanza hasta la mañana».

Se dice que una de sus luchas nocturnas en oración a solas con Dios afectó enormemente a un sacerdote católico, a quien el suceso despertó para darse cuenta de su condición espiritual.

Así como manifestó su poder en los tiempos bíblicos obrando maravillas por medio de la oración, Dios no se ha quedado sin testimonio en los tiempos modernos. La oración trae al Espíritu Santo sobre los hombres cada día en respuesta a la oración importuna y continua, tal como lo hizo antes de Pentecostés. Las maravillas de la oración no han cesado.

XV

La oración y la Divina Providencia

> «De nuevo una pobre alma es tentada a dudar del ser de un Dios. Los argumentos por el camino de la razón y la sabiduría pueden convencerle, puede obtener un poco de luz de ellos; pero a veces Dios entrará en su alma con un rayo inmediato y dispersará todas sus dudas, más de lo que mil argumentos pueden hacer. El camino de la sabiduría nos hace saber que hay un Dios que desata el nudo, pero el otro lo corta en pedazos de inmediato. Así es en todas las tentaciones. De lo contrario, un hombre va por el camino de la sabiduría y la razón santificada y mira en su propio corazón y allí ve la obra de la gracia y argumenta a partir de todos los tratos de Dios con él. Sin embargo, todos estos no satisfacen al hombre: pero Dios viene con una luz en su espíritu y todos sus cerrojos y grilletes son derribados en un momento. Aquí vemos el camino de la Sabiduría y el camino de la Revelación».
>
> **Thomas Goodwin**

La oración y la Divina Providencia están estrechamente relacionadas. Están en estrecha compañía. No es posible separarlas. Tan estrechamente unidas están que negar una es abolir la otra. La oración supone una providencia, mientras que la providencia es el resultado de la oración y pertenece a ella. Todas las respuestas a la oración no son sino la intervención de la providencia de Dios en los asuntos de los hombres. La providencia tiene que ver especialmente con los orantes. La oración, la providencia y el Espíritu Santo forman una trinidad, que cooperan entre sí y están en perfecta armonía. La oración no es más que la petición del hombre para que Dios, por medio del Espíritu Santo, intervenga en favor del que ora.

Lo que se denomina providencia es la superintendencia divina sobre la tierra y sus asuntos. Implica provisiones de gracia que Dios Todopoderoso hace para todas Sus criaturas, animadas e inanimadas, inteligentes o no. Una vez admitido que Dios es el Creador y Preservador de todos los hombres, y concedido que Él es sabio e inteligente, lógicamente somos llevados a la conclusión de que Dios Todopoderoso tiene una superintendencia directa sobre aquellos a quienes ha creado y a quienes preserva en el ser. De hecho, la creación y la preservación suponen una providencia superintendente. Lo que se llama providencia divina es simplemente Dios Todopoderoso gobernando el mundo para sus mejores intereses y supervisando todo para el bien de la humanidad.

Los hombres hablan de una «providencia general» como separada de una «providencia especial». No hay providencia general sino la que se compone de providencias especiales. Una supervisión general por parte de Dios supone una supervisión especial e individual de cada persona, sí, incluso de cada criatura, animal y todo por igual.

Dios está en todas partes, vigilando, supervisando, gobernando todo en el más alto interés del hombre, llevando adelante Sus planes y ejecutando Sus propósitos en la creación y la redención. No es un Dios ausente. Él no hizo el mundo con todo lo que hay en él, y lo entregó a las llamadas leyes naturales, y luego se retiró a los lugares secretos del universo sin tener ninguna consideración por él o por el funcionamiento de Sus leyes. Su mano está en el acelerador. El trabajo no está fuera de Su control. Los habitantes de la Tierra y sus asuntos no son independientes de Dios Todopoderoso.

Todas y cada una de las providencias son providencias especiales, y la oración y este tipo de providencias van juntas. La mano de Dios está en todo. No hay nada que esté fuera de Su alcance ni que esté por debajo de Su atención. No es que Dios ordene todo lo que sucede. El hombre sigue siendo un agente libre, pero la sabiduría de Dios Todopoderoso sale a la luz cuando recordamos que mientras el hombre es libre y el diablo anda suelto por la tierra, Dios puede supervisar y gobernar los asuntos de la tierra, para el bien del hombre y para Su gloria, y hacer que incluso la ira del hombre lo alabe.

Nada ocurre por accidente bajo la superintendencia de un Dios omnisapiente y perfectamente justo. Nada ocurre por casualidad en el gobierno moral o natural de Dios. Dios es un Dios de orden, un Dios de ley, pero no menos un superintendente en el interés de Sus criaturas inteligentes y redimidas. Nada puede tener lugar sin el conocimiento de Dios.

> «Su vista que todo lo abarca observa
> cuando nos levantamos y cuando descansamos;
> nuestros paseos públicos, nuestros caminos privados,
> los secretos de nuestros pechos».

Jesucristo aclara esta cuestión cuando dice: «¿No se venden dos pajarillos por un cuarto de penique? Y ni uno de ellos caerá en tierra sin que vuestro Padre lo ordene. Pero los cabellos de vuestra cabeza están todos contados. No temáis, pues, porque sois de más valor que muchos pajarillos».

Dios no puede ser excluido del mundo. La doctrina de la oración lo trae directamente al mundo, y lo mueve a una interferencia directa con todos los asuntos de este mundo.

Excluir a Dios Todopoderoso de las providencias de la vida es asestar un golpe directo a la oración y a su eficacia. Nada sucede en el mundo sin el consentimiento de Dios, pero no en el sentido de que Él lo apruebe todo o sea responsable de todo lo que sucede. Dios no es el autor del pecado.

A veces se hace la pregunta: «¿Está Dios en todo? », como si hubiera algunas cosas que están fuera del gobierno de Dios, más allá de Su atención, de las que Él no se ocupa. Si Dios no está en todo, ¿qué hace el cristiano orando según las instrucciones de Pablo a los filipenses?

«Por nada estéis afanosos, sino sean conocidas vuestras peticiones delante de Dios en toda oración y ruego, con acción de gracias».

¿Debemos orar por algunas cosas y sobre cosas con las que Dios no tiene nada que ver? Según la doctrina de que Dios no está en todo, entonces estamos fuera del ámbito de Dios cuando «en todo hacemos nuestras peticiones a Dios».

Entonces, ¿qué haremos con esa gran promesa tan consoladora para todos los santos de Dios en todas las épocas y en todos los climas, una promesa que pertenece a la oración y que se engloba en una providencia especial: «Y sabemos que a los que aman a Dios, todas las cosas les ayudan a bien»?

Si Dios no está en todo, ¿qué debemos esperar de «todas las cosas» que «cooperan para el bien de los que aman a Dios»? Y si Dios no está en todo en Su providencia, ¿cuáles son las cosas que deben quedar fuera de nuestra oración? Podemos establecer como una proposición, confirmada por las Escrituras, que tiene un fundamento seguro, que nada entra en la vida de los santos de Dios sin Su consentimiento. Dios siempre está allí cuando ocurre. No está lejos. Aquel cuyo ojo está sobre el gorrión está también viendo a Sus santos. Su presencia que llena la inmensidad está siempre donde están Sus santos. «Ciertamente yo estaré contigo», es la palabra de Dios a cada hijo suyo.

«El ángel del Señor acampa alrededor de los que le temen, y los libra». Y nada puede tocar a los que temen a Dios sino con el permiso del ángel del Señor. Nada puede atravesar el campamento sin el permiso del capitán de los ejércitos del Señor. Las penas, las aflicciones, la necesidad, los problemas o incluso la muerte no pueden entrar en este campamento divino sin el consentimiento de Dios Todopoderoso, e incluso entonces debe ser utilizado por Dios en Sus planes para el bien de Sus santos y para llevar a cabo Sus planes y propósitos:

> «Porque estoy persuadido de que ni la muerte, ni la vida, ni los ángeles, ni los principados, ni las potestades, ni lo presente, ni lo por venir, ni la altura, ni la profundidad, ni ninguna otra criatura podrá separarnos del amor de Dios que es en Cristo Jesús, Señor nuestro».

Estas cosas malas, desagradables y aflictivas pueden venir con el permiso Divino, pero Dios está sobre ellas, Su mano está en todas ellas y Él se encarga de que sean entretejidas en Sus planes. Él hace que los males sean anulados para el bien de Su pueblo, y el bien eterno es sacado de ellos. Estas cosas, con cientos de otras, pertenecen a los procesos disciplinarios de Dios Todopoderoso en la administración de Su gobierno para los hijos de los hombres.

La providencia de Dios llega hasta el ámbito de la oración. Tiene que ver con todo aquello por lo que oramos. Nada es demasiado pequeño para el ojo de Dios, nada es demasiado insignificante para su atención y su cuidado. La providencia de Dios tiene que ver hasta con el tropiezo de los pies de Sus santos:

> «Porque a sus ángeles mandará cerca de ti, que te guarden en todos tus caminos.
> Te sostendrán en sus manos, para que no tropieces con tu pie en piedra».

Vuelve a leer las palabras de nuestro Señor sobre el gorrión, pues dice: «Cinco gorriones se venden por dos cuartos y ni uno de ellos es olvidado delante de Dios». Pablo hace la pregunta punzante: «¿Se preocupa Dios de los bueyes?». Su cuidado llega hasta las cosas más pequeñas y tiene que ver con los asuntos más insignificantes que preocupan a los hombres. El que cree en el Dios de la providencia está preparado para ver Su mano en todas las cosas que se le presentan, y puede orar por todo.

No es que el santo que confía en el Dios de la providencia y que lleva todas las cosas a Dios en oración, pueda explicar los misterios de la Divina Providencia, pero los orantes reconocen a Dios en todo, lo ven en todo lo que llega, y están dispuestos a decir como Juan dijo a Pedro en el mar de Galilea: «Es el Señor».

Los santos orantes no pretenden interpretar los tratos de Dios con ellos ni se comprometen a explicar las providencias divinas, sino que han aprendido a confiar en Dios tanto en la oscuridad como en la luz, a tener fe en Dios incluso cuando «llegan preocupaciones como un diluvio salvaje y caen tormentas de dolor».

«Aunque me mate, en él confiaré». Los santos orantes se apoyan en las palabras de Jesús a Pedro: «Lo que yo hago no lo sabes ahora, pero lo sabrás después». Solo los que oran pueden ver las manos de Dios en las providencias de la vida. «Bienaventurados los limpios de corazón, porque ellos verán a Dios», verán a Dios aquí en sus providencias, en su Palabra, en su Iglesia. Estos son los que no excluyen a Dios de los asuntos de la tierra y que creen que Dios interfiere en los asuntos de la tierra por ellos.

Aunque la providencia de Dios está sobre todos los hombres, Su supervisión y la administración de Su gobierno son peculiarmente en interés de Su pueblo.

La oración pone en acción la providencia de Dios. La oración pone a Dios a trabajar en la supervisión y dirección de los asuntos de la tierra para el bien de los hombres. La oración abre el camino cuando está cerrado o estrecho.

La Providencia se ocupa más especialmente de las temporalidades. Es en este campo donde la providencia de Dios brilla más y es más evidente. Tiene que ver con el alimento y el vestido, con las dificultades de los negocios, con interponerse extrañamente y salvar del peligro, y con ayudar en las emergencias en momentos muy oportunos y críticos.

La alimentación de los israelitas durante el viaje por el desierto es un ejemplo sorprendente de la providencia de Dios en el cuidado de las necesidades temporales de su pueblo. Sus tratos con ese pueblo muestran cómo Él proveyó para ellos en ese largo peregrinaje.

«Día tras día caía el maná.
¡Oh, aprender bien esta lección!
Alimentado aún por constante misericordia,
dame, Señor, el pan de cada día.

Día tras día la promesa dice:
Fuerza diaria para las necesidades diarias;
aleja los temores premonitorios,
toma el maná de hoy».

Nuestro Señor enseña esta misma lección de una providencia que viste y alimenta a Su pueblo en el Sermón de la Montaña, cuando dice: «No os afanéis por lo que habéis de comer ni por lo que habéis de beber ni por vuestro cuerpo, por lo que habéis de vestir». Luego dirige la atención al hecho de que es la providencia de Dios la que alimenta a las aves del cielo, viste a los lirios del campo y pregunta que si Dios hace todo esto por los pájaros y las flores, ¿no cuidará de ellos?

Todas estas enseñanzas conducen a la necesidad de una confianza infantil e implícita en una providencia dominante, que cuida de las necesidades temporales de los hijos de los hombres. Y nótese especialmente que toda esta enseñanza está estrechamente relacionada en las palabras de nuestro Señor con lo que Él dice acerca de la oración, conectando así estrechamente una supervisión divina con la oración y sus promesas.

Tenemos una lección impresionante sobre la providencia divina en el caso de Elías cuando fue enviado al arroyo Querit, donde Dios empleó a los cuervos para alimentar a su profeta. Aquí hubo una interposición tan clara que Dios no puede ser excluido de las temporalidades de la vida. Antes de que Dios permita que Su siervo carezca de pan, mueve a las aves del cielo para que cumplan Su voluntad y cuiden de Su profeta.

Y esto no fue todo. Cuando el arroyo se secó, Dios envió a Elías a una viuda pobre, que tenía apenas suficiente harina y aceite para las necesidades urgentes de la buena mujer y su hijo. Sin embargo, compartió con él su último bocado de pan. ¿Cuál fue el resultado? La providencia de Dios se interpuso y, mientras duró la sequía, nunca faltó aceite ni se agotó la harina del barril.

El Antiguo Testamento brilla con ejemplos de las provisiones del Dios Todopoderoso para Su pueblo y muestra claramente la providencia dominante de Dios. De hecho, el Antiguo Testamento es en gran parte el relato de una providencia que se ocupó de un pueblo peculiar, anticipándose a todas sus necesidades temporales, que lo atendió en las emergencias y que santificó sus problemas.

Vale la pena leer ese viejo himno de Newton, que tiene tanto de la providencia de Dios:

> «Aunque me asalten los problemas y me atemoricen los peligros,
> aunque me fallen todos los amigos y se unan todos los enemigos,
> una cosa me asegura, pase lo que pase,
> la promesa nos asegura que el Señor proveerá.
>
> Los pájaros sin graneros ni almacenes se alimentan,
> de ellos aprendamos a confiar en nuestro pan;
> a sus santos lo que es justo nunca les será negado,
> mientras esté escrito, el Señor proveerá».

De hecho, muchos de nuestros antiguos himnos están llenos de sentimientos sobre la providencia divina, que vale la pena leer y cantar incluso en nuestros días.

Dios está en los acontecimientos más aflictivos y dolorosos de la vida. Todos esos acontecimientos son objeto de oración y esto es así porque todo lo que entra en la vida del orante está bajo la providencia de Dios y tiene lugar bajo su mano supervisora. Algunos excluyen a Dios de las cosas tristes y duras de la vida. Nos dicen que Dios no tiene nada que ver con ciertos acontecimientos que nos causan dolor. Dicen que Dios no está en la muerte de los niños, que mueren por causas naturales, y que no es más que el funcionamiento de las leyes naturales.

Preguntémonos qué son las leyes de la naturaleza sino las leyes de Dios, las leyes por las que Dios gobierna el mundo. ¿Y qué es la naturaleza? ¿Y quién hizo la naturaleza? ¿Cuán grande es la necesidad de saber que Dios está por encima de la naturaleza, que controla la naturaleza y que está en la naturaleza? Necesitamos saber que la naturaleza o las leyes naturales no son más que los siervos de Dios Todopoderoso que hizo estas leyes, y que Él está directamente en ellas, y no son más que los siervos Divinos para llevar a cabo los designios de gracia de Dios, y están hechas para ejecutar Sus propósitos de gracia. El Dios de la providencia, el Dios a quien oran los cristianos y el Dios que interviene en favor de los hijos de los hombres para su bien está por encima de la naturaleza, en perfecto y absoluto control de todo lo que pertenece a la naturaleza. Y ninguna ley de la naturaleza puede aplastar la vida de un niño sin que Dios dé su consentimiento y sin que un acontecimiento tan triste ocurra directamente bajo su ojo que todo lo ve, y sin que Él esté inmediatamente presente.

David creía en esta doctrina cuando ayunaba y oraba por la vida de su hijo, pues ¿por qué orar y ayunar para que un bebé se salve, si Dios no tiene nada que ver con su muerte en caso de que muera?

Además, ¿«cuida de los bueyes» y supervisa directamente a los gorriones que caen al suelo, pero no tiene nada que ver con la partida de este mundo de un niño inmortal? Más aún, la muerte de un niño, aunque ocurra sola, como algunos afirman, por la operación de las leyes de la naturaleza, debe entenderse como una gran aflicción para sus padres. ¿Dónde quedan estos padres inocentes bajo tal doctrina? Se convierte en un gran dolor para la madre y el padre. ¿No han de reconocer la mano de Dios en la muerte del niño? ¿Y no hay providencia o supervisión Divina en el arrebato de su hijo a ellos? David reconoció claramente los hechos de que Dios tuvo que ver con mantener a su hijo en vida; que la oración podía servir para salvar a su hijo de la muerte y que cuando el niño murió fue porque Dios lo había ordenado. La oración y la providencia en todo este asunto trabajaban en armoniosa cooperación, y David comprendió perfectamente. Ningún niño muere jamás sin el permiso directo del Dios Todopoderoso, y tal acontecimiento tiene lugar en Su providencia con fines sabios y benéficos. Dios lo incluye en Sus planes para el niño mismo, para los padres y para todos los interesados. Además, depende de la oración si el niño vive o muere.

> «En cada acontecimiento de la vida,
> cuán clara veo Tu mano gobernante;
> cada bendición para mi alma es muy querida,
> porque es conferida por Ti».

XVI

La oración y la Divina Providencia (continuación)

«Una idea adecuada de la oración es el derramamiento del alma ante Dios, con la mano de la fe puesta sobre la cabeza de la Ofrenda Sacrificial, implorando misericordia y presentándose como una ofrenda voluntaria de sí misma a Dios, entregando cuerpo, alma y espíritu para ser guiada y gobernada como le parezca bien a Su sabiduría celestial, deseando solo amarle perfectamente y servirle con todos sus poderes, en todo momento, mientras tenga un ser».

Adam Clarke

En el trato de Dios con los hombres se observan dos clases de providencias: las providencias directas y las providencias permisivas. Dios ordena algunas cosas, otras las permite. Pero cuando Él permite que una dispensación aflictiva llegue a la vida de Su santo, aunque se origine en una mente perversa y sea el acto de un pecador, antes de que golpee a Su santo y lo toque, se convierte en providencia de Dios para el santo. En otras palabras, Dios consiente algunas cosas en este mundo, sin ser en lo más mínimo responsable de ellas o en lo más mínimo excusando a quien las origina, muchas de ellas muy dolorosas y aflictivas, pero tales eventos o cosas siempre se convierten para el santo de Dios en la providencia de Dios para él. De modo que el santo puede decir en todas y cada una de estas tristes y angustiosas experiencias: «Es el Señor;

que haga lo que bien le parezca». O con el Salmista, puede decir: «Enmudecí; no abrí mi boca, porque tú lo hiciste».

Esta fue la explicación de todas las graves aflicciones de Job. Le vinieron en la providencia de Dios, aunque tenían su origen en la mente de Satanás, que las ideó y las puso en ejecución. Dios dio permiso a Satanás para afligir a Job, quitarle sus bienes y despojarlo de sus hijos. Pero Job no atribuyó estas cosas a la ciega casualidad ni al accidente, ni las achacó a la agencia satánica, sino que dijo: «El Señor ha dado y el Señor ha quitado; bendito sea el nombre del Señor». Tomó estas cosas como provenientes de su Dios, a quien temía y servía y en quien confiaba.

Y al mismo efecto son las palabras de Job a su esposa cuando ella dejó a Dios fuera de la cuestión y malvadamente le dijo a su marido: «Maldice a Dios y muere». Job replicó: «Hablas como las mujeres necias. ¿Qué? ¿Recibiremos el bien de la mano de Dios y no recibiremos el mal?».

No es ninguna sorpresa, bajo la perspectiva de los tratos de Dios con Job, que se registre de este hombre de fe: «En todo esto no pecó Job con sus labios»; y en otro lugar fue dicho, «En todo esto no pecó Job, ni acusó a Dios neciamente». En nada concerniente a Dios y a los acontecimientos de la vida hablan los hombres más neciamente y aun perversamente que en formular con ignorancia sus juicios sobre las providencias de Dios en este mundo. Ojalá tuviéramos hombres como Job que, aunque sus aflicciones y privaciones son severas en extremo, ven la mano de Dios en la providencia y reconocen abiertamente a Dios en ella.

Las secuelas de todas estas dolorosas experiencias no son sino ilustraciones de aquel conocido texto de Pablo: «Y sabemos que a los que aman a Dios, todas las cosas les ayudan a bien». Al final, Job recibió más de lo que se le había quitado. Salió victorioso de estos problemas y se convirtió hasta el día de hoy en el exponente y ejemplo de gran paciencia y fuerte fe en las providencias de Dios. «Habéis oído hablar de la paciencia de Job», resuena en la línea de la revelación divina. Dios se apoderó de los malos actos de Satanás, los incorporó a sus planes y sacó de ellos un gran bien. Hizo que el mal se convirtiera en bien sin avalar en lo más mínimo el mal ni conspirar contra él.

Tenemos la misma verdad llena de gracia de la providencia divina evidenciada en la historia de José y sus hermanos, que lo vendieron perversamente a Egipto y lo abandonaron y engañaron a su anciano padre. Todo esto tuvo su origen en sus mentes perversas. Y sin embargo, cuando llegó a los planes y propósitos de Dios, se convirtió en providencia de Dios tanto para José como para el futuro de los descendientes de Jacob. Oíd las palabras de José a sus hermanos después de haberse descubierto ante ellos en Egipto, en las que rastrea todos los dolorosos acontecimientos hasta la mente de Dios y los relaciona con el cumplimiento de los propósitos de Dios sobre Jacob y su posteridad:

> «Ahora, pues, no os entristezcáis ni os enojéis porque me hayáis vendido aquí; Dios me envió antes que vosotros para preservar la vida. Y Dios me envió delante de vosotros para preservaros una posteridad sobre la tierra, y para salvar vuestras vidas mediante una gran liberación. De modo que no fuiste tú quien me envió aquí, sino Dios».

El conocido himno de Cowper podría muy bien leerse en este sentido, un verso del cual es suficiente por ahora:

> «Dios se mueve de una manera misteriosa,
> sus maravillas lleva a cabo;
> Él planta Sus pasos en el mar,
> y cabalga sobre la tormenta».

La misma línea de argumentación aparece en la traición de nuestro Señor por Judas. Por supuesto que fue el acto malvado de un hombre malvado, pero nunca tocó a nuestro Señor hasta que el Padre dio su consentimiento y Dios tomó el designio malvado de Judas y lo incorporó a sus propios planes para la redención del mundo. El hecho de que Judas obtuviera algo bueno de su malvado acto no lo excusa en lo más mínimo, pero sí magnifica la sabiduría y la grandeza de Dios al anularlo de tal manera que se aseguró la redención del hombre. Así es siempre en los tratos de Dios con el hombre. Las cosas que nos llegan por causas segundas no son una sorpresa para Dios ni están fuera de su control. Su mano puede apoderarse de ellas en respuesta a la oración y la mentira puede hacer que las aflicciones, vengan de donde vengan, «nos produzcan un sobreabundante y eterno peso de gloria».

La providencia de Dios va delante de sus santos, abre el camino, elimina dificultades, resuelve problemas y trae liberaciones cuando la huida parece desesperada. Dios sacó a Israel de Egipto de la mano de Moisés, Su líder elegido de ese pueblo. Llegaron al Mar Rojo. Pero enfrente estaban las aguas, sin paso ni puentes. A un lado había altas montañas y detrás venían las huestes del Faraón. Todas las vías de escape estaban cerradas. No parecía haber esperanza. Casi reinaba la desesperación. Pero había un camino abierto que los hombres pasaron por alto y era el camino hacia arriba. Un hombre de oración, Moisés, el hombre de fe en Dios, estaba en la tierra. Este hombre de oración, que reconocía a Dios en la providencia, con fuerza de mando, habló así al pueblo: «No temáis; quedaos quietos y ved la salvación del Señor».

Con esto, levantó su vara y, de acuerdo con el mandato divino, extendió su mano sobre el mar. Las aguas se dividieron y salió la orden: «Di a los hijos de Israel que avancen». E Israel cruzó el mar calzado en seco. Dios había abierto un camino y lo que parecía una emergencia imposible se convirtió notablemente en una maravillosa liberación. No es esta la única vez que Dios se ha interpuesto en favor de su pueblo cuando su camino estaba cerrado.

Toda la historia de los judíos es la historia de la providencia de Dios. El Antiguo Testamento no puede ser aceptado como verdadero sin recibir la doctrina de una providencia divina y dominante. La Biblia es ante todo una revelación divina. Revela cosas. Encuentra, descubre, saca a la luz cosas relativas a Dios, a Su carácter y a Su manera de gobernar este mundo y a sus habitantes, que no pueden ser descubiertas por la razón humana, por la ciencia o por la filosofía. La Biblia es un libro en el que Dios se revela a los hombres. Y esto es particularmente cierto cuando consideramos el cuidado que Dios tiene de Sus criaturas y Su vigilancia del mundo, Su superintendencia de sus asuntos. Y refutar la doctrina de la providencia es desacreditar toda la revelación de la Palabra de Dios. En todas partes esta Palabra descubre la mano de Dios en los asuntos del hombre.

El Antiguo Testamento especialmente, pero también el Nuevo Testamento, es la historia de la oración y la providencia. Es la historia de los tratos de Dios con los hombres de oración, los hombres de fe en Su interferencia directa en los asuntos de la tierra, y con la manera de Dios de supervisar el mundo en interés de Su pueblo y de llevar adelante Su obra en Sus planes y propósitos en la creación y la redención.

Los hombres que oran y la providencia de Dios van juntos. Esto lo entendían perfectamente los orantes de la Escritura. Ellos oraban por todo, porque Dios tenía que ver con todo. Llevaban todas las cosas a Dios en oración porque creían en una providencia divina que tenía que ver con todas las cosas. Creían en un Dios siempre presente, que no se había retirado a los secretos recovecos del espacio, dejando a Sus santos y a Sus criaturas a merced de un tirano, llamado naturaleza, y de sus leyes, ciegas, inflexibles, sin consideración por nadie que se interpusiera en su camino. Si esa es la concepción correcta de Dios, ¿por qué orar a Él? Está demasiado lejos para oírlos cuando oran y demasiado despreocupado para preocuparse por los que están en la tierra.

Estos hombres de oración tenían una fe implícita en un Dios de especial providencia, que respondería con gusto, prontitud y disposición a sus gritos de ayuda en tiempos de necesidad y en épocas de angustia.

Las llamadas «leyes de la naturaleza» no les preocupaban lo más mínimo. Dios estaba por encima de la naturaleza, en control de ella, mientras que la naturaleza no era más que la sierva de Dios Todopoderoso. Las leyes de la naturaleza no eran sino Sus propias leyes, puesto que la naturaleza no era sino el vástago de la mano Divina. Las leyes de la naturaleza podían suspenderse y no se produciría ningún mal. Toda persona inteligente se da cuenta todos los días de que cuando el hombre domina y vence la ley de la gravedad todos los días, nadie se sorprende ni levanta la mano o la voz horrorizado ante la idea de que se violen las leyes de la naturaleza. Dios es un Dios de ley y orden, y todas sus leyes en la naturaleza, en la providencia y en la gracia trabajan juntas en perfecto acuerdo, sin choque ni desarmonía.

Dios suspende o supera las leyes de la enfermedad y la lluvia a menudo sin la oración o independientemente de la oración. Pero muy a menudo lo hace en respuesta a la oración. Orar pidiendo lluvia o tiempo seco no está fuera del gobierno moral de Dios ni está pidiendo a Dios que viole ninguna ley que Él haya hecho, sino solo pidiéndole que dé lluvia a Su manera, de acuerdo con Sus propias leyes. De la misma manera, la oración para reprender la enfermedad no es una petición en guerra con la ley natural o de otro tipo, sino que es una oración de acuerdo con la ley, incluso la ley de la oración, una ley puesta en funcionamiento por Dios Todopoderoso, como la llamada ley natural que gobierna la lluvia o que controla la enfermedad.

El creyente en la ley de la oración tiene una base sólida en la que apoyar su alegato. Y el creyente en una providencia divina, compañera de la oración, se apoya igualmente en fuertes cimientos de granito, de los que no serán sacudidos. Estas doctrinas gemelas se mantienen firmes y permanecerán para siempre.

«En toda condición, en la enfermedad, en la salud,
en la pobreza o en la riqueza;
en casa o en el extranjero, en la tierra o en el mar,
según lo exijan tus días, tu fuerza será siempre tuya».